Strategies for
New Media Management
in Universities

金雪 胡昊 曹杰 著

高校新媒体

运营36式

上海交通大学出版社
SHANGHAI JIAO TONG UNIVERSITY PRESS

内容提要

　　本书是上海交通大学新媒体运营的理论总结和核心经验分享,包括机制篇、实务篇、技术篇、互动篇、团队篇、品牌篇6个部分共36式。本书叙述了学校从0到1,推动体制改革,坚持品牌驱动,注重源生内涵发展,实现全员全媒体转型的历程,并分享了上海交大新媒体运营成功案例。本书也提及了新媒体运营过程中存在的"痛点",并就高校新媒体运营中普遍存在的难题,提供了上海交大运营团队的解决方案,贡献了交大人的智慧。

　　本书适合新闻与传播相关专业的学生和教师研读,也适合从事或有志于深耕新媒体工作的相关人员阅读。

图书在版编目(CIP)数据

　　高校新媒体运营36式/金雪,胡昊,曹杰著. —上海:上海交通大学出版社,2024.10
　　ISBN 978-7-313-18660-7

　　Ⅰ.①高… Ⅱ.①金…②胡…③曹… Ⅲ.①高等学校-传播媒介-研究-中国 Ⅳ.①G206.2

　　中国国家版本馆 CIP 数据核字(2024)第 055193 号

高校新媒体运营 36 式
GAOXIAO XINMEITI YUNYING 36 SHI

著　　者:	金 雪 胡 昊 曹 杰			
出版发行:	上海交通大学出版社	地　　址:	上海市番禺路 951 号
邮政编码:	200030	电　　话:	021-64071208
印　　制:	上海万卷印刷股份有限公司	经　　销:	全国新华书店
开　　本:	880mm×1230mm　1/32	印　　张:	8.375
字　　数:	170 千字		
版　　次:	2024 年 10 月第 1 版	印　　次:	2024 年 10 月第 1 次印刷
书　　号:	ISBN 978-7-313-18660-7		
定　　价:	68.00 元		

前言

　　党的二十大报告指出,围绕举旗帜、聚民心、育新人、兴文化、展形象建设社会主义文化强国。党的二十届三中全会提出推进新闻宣传和网络舆论一体化管理。习近平总书记高度重视网络新媒体建设,提出"尊重新闻传播规律,创新方法手段,切实提高党的新闻舆论传播力、引导力、影响力、公信力""加快传统媒体和新兴媒体融合发展,充分运用新技术新应用创新媒体传播方式,占领信息传播制高点"等一系列重要论述。

　　青年兴则国家兴,青年强则国家强。当前,网络已成为青年学生的"第三课堂"。然而,与Z世代青年学生朝夕相伴的网络环境复杂,不同思想文化交流交融交锋,社会思潮多元多样多变。因此,加强新媒体建设,扩大优质内容供给,提升新媒体运营水平,实现新媒体育人,对高校而言具有重要的时代意义和现实意义。

　　网络新媒体的建设与管理,是上海交通大学的传统优势。1996年,学校正式开通了门户主页、创建了全国高校首个校园BBS论坛;2004年承建教育部中国大学生在线;2010年入驻微博，2012 年开通微信。近年来，上海交通大学在新媒体建设上一直走在前列，连续多年获评"中国教育政务新媒体综合力十强""中国大学官微十强"，获最具影响力教育官博、高校新媒体先锋、十大影响力新媒体创新团队等称号。在短视频迅速崛起的背景下，上海交大率先建设以抖音和快手等为主要平台的短视频阵地，多次获评年度最具影响力高校官方账号。数智化赋能，塑造传播新格局，在全国高校推出首个数字人主播，实现智能传播的率先布局。

在坚持价值导向、品牌运营的过程中，上海交通大学特别注重与兄弟高校之间的互动共建、共同提升。我们以校庆为契机，与兄弟高校倾情互动，一起打造网络文化品牌。每年平均有 30 多所高校到上海交大来调研，交流新媒体运营的探索和实践经验。

由学校党委宣传部主持撰写的《高校新媒体运营 36 式》，坚持目标导向与问题导向相结合、顶层设计与首创探索相结合、工作实务与价值引领相结合，以上海交大新媒体实践为基础，以丰富详实的案例为支撑，以独具特色的创意策划为切入点，以"36 式"指南为展现形式，浓缩了近年来上海交大新媒体建设的精华，为高校新媒体的运营提供了"交大攻略"。本书具有以下几个特点：其一，突出系统性。该书较为系统地介绍了交大"从 0 到 1"推进融媒体改革与转型的主要做法和形成的体制机制，很多工作理念和具体改革走在全国高校前列。其二，凸显实战性。该书把握重点，聚焦难点，把破题、解题过程和创新做法进行归纳总结，具有很强的针对性和实用价值。其三，强调原创性。上海交通大学新媒体建设坚持内容为王，加强主动引领，推出了海量原创作品，丰富了校园网络内容供给。其四，注重创新性。加强新媒体建设，必须用改革的理念、创新的思维、务实的举措谋篇布局，深入推进。

《礼记·大学》有言："苟日新，日日新，又日新。"这是高校新媒体发展的新常态。我们要牢牢秉持立德树人的根本任务，深入学习贯彻习近平文化思想，更加注重价值引领，更加坚定文化自信，做到以文化人、以文育人，营造风清气正、健康清朗的网络空间，打造师生共同的网上精神家园！

藉以交大的探索和实践，编纂成书，与高校宣传思想文化领域的同仁共勉、共享之。

目录

1

机 制 篇

创新转型全媒体　　以上率下谋发展

2
实 务 篇

仰望星空勇想象　　脚踏实地筑基石

3
技 术 篇

日新月异促研发　　尝试攻坚硬实力

4
互 动 篇

线上线下齐发力　　全球视野展风采

5
团 队 篇

十八武艺名小编　　披星戴月书坚守

6
品 牌 篇

全民自媒寻突破　　开拓引领树品牌

1

机 制 篇

创新转型全媒体
以上率下谋发展

第**1**式

改革创新
改革传统模式,激发源生动力

近年来,上海交通大学积极推动新媒体与传统媒体融合发展,初步构建起了立体大宣传格局。一方面,不断加强《上海交通大学报》、上海交通大学官网、教育技术中心(电视台)等传统媒体阵地建设;另一方面,重点建设官方微博、官方微信、"智慧之窗"电子屏和短视频平台,提高多媒体的覆盖量和影响力,打造"一报一网一台两微两屏多终端"的全媒体宣传平台。

一、从 0 到 1,推动体制改革,实现全员全媒体转型

学校着力探索和推动"新闻中心"体制改革。这是一个典型的存量改革思路,我们按照"综合采编""立体宣传"的指导思想,理顺新闻策划、采编、宣传、评估工作链,提升新闻中心地位,调整充实新闻中心编制,重点凸显新媒体在新闻宣传中的地位。通过理顺内部机制,为新媒体发展构建了有力的环境。每月底学校分管副书记牵头召开由双微及其他新媒体团队参加的下个月度新闻选题会,加强新闻策划,并注重传统媒体与新媒体的联动。每周,新闻中心分别召开一次教师层面和学生层面的新媒体选题会。传统阵地(交大报、主页、新闻网、外宣等)上的同

志都要参与到新媒体的策划和执行上来。他们作为高校新闻宣传工作的专家和"工匠",都深刻体会到,要真正打破传统媒体阵地和新媒体阵地的"壁垒",实现这从"0"到"1"的突破,实属不易!

二、注重原创,推出一批具有核心竞争力的"产品"

无论传统媒体怎样突围,无论新媒体如何突飞猛进,这仍旧是一个内容为王的时代。我们最深刻的体会是:用超过85%的高原创内容来贴近、服务、带动受众,从而激发传播裂变。

在上海交大,官方微博、微信早已成为学校接地气、有灵性、有黏力的新媒体平台,被师生和校友誉为"空气中存在的朋友",在全校形成一个新的舆论场,交大师生已习惯了被刷屏,习惯了官方新媒体的陪伴。新媒体团队创作了一批有影响力的原创作品,如期末考试"爱的最后一题"(呈现形式新颖、抓人眼球、内容深刻,带动传统媒体跟进报道)、一个鞭炮的"霾"成本(寻找准确切入点,一针见血,引领舆论潮流)、科技预见(惊呆了! 我竟然接到来自未来的电话)、"蜘蛛侠"宅米(新媒体与传统媒体的"O2O")、中国好作业(线上线下活动巧妙融合)等。在120周年校庆中,新媒体团队推出"百廿交大,多少人曾爱慕你年轻时的容颜"等原创选题,曾一度登上腾讯、百度等各大平台头条。我们通过官方微博,与剑桥、哈佛、耶鲁、北大、清华等100多所高校倾情互动,开创了高校接力祝福的新模式。

学校还有一批有温情、有内涵、有趣味的学生新媒体平台,如西南风、交大源源微信公众号等,形成了各类新媒体平台矩阵式、集群式发展态势。概括而言,上海交大的双微建设基本上做到了五个"精"字。一是"精心"。始终坚持内容为王、采编为宝的原则,结合教育领域热点、重大时间节点和学校工作重点精心策划,重磅推出系列原创作品。二是"精品"。坚持"品牌为王",注重双微品牌建设,挖掘交大特色学科和专业,打造精品栏目和精品选题。累计推出100余条10万＋选题。三是"精准"。坚持"入口为王"和"渠道为王",通过多元、多样、多彩内容的设计和推送,较好地满足了不同关注群体和受众的阅读需求;通过官微"查询大厅"和微主页等模块功能的开发,把"智慧校园"嵌入官微,最大限度地连接各类服务,对接师生工作、学习和生活需求。四是"精妙"。坚持"平台为王",通过较好的顶层设计和机制建设,推动新媒体平台与传统媒体、双微矩阵、学生社团和技术资源巧妙结合和充分互动,形成了基于新媒体平台的多方宣传合力。五是"精彩"。坚持"受众为王",通过师生喜闻乐见的语言和形式,实现"精彩"表达,做到了距离和形式上"贴近",风格和表达上"贴切",情感和交流上"贴心",传播精彩声音,讲好精彩故事,塑造精彩形象。

三、坚持品牌驱动,注重新媒体的源生内涵发展

在高校的"朋友圈"里,"新媒体"是一个热词。大家都非常重视,极力抢占这一高地。同时,我们也意识到,内容的同质化非常严重,官微的认同度不高,在师生校友和社会上的影响力不足等问题,这些已经成为高校政务新媒体的"通病"。我们的尝试是:用品牌来拉动新媒体的内源性发展。

下面以晨读品牌为例。

在飞速运转的时代,生活不断被节奏化、碎片化,您是否还有时间读书?"清晨那么美,约你来晨读",您可以拿出 5 分钟、10 分钟,或者半小时、1 小时,您可以 1 个人,也可以约室友、约闺蜜、约好友、约导师,甚至约明星、约校长,一起来晨读。

这就是上海交大官方微博打造的晨读品牌。目前,已有哈佛、耶鲁、麻省理工、清华、北大、南大、浙大等 30 多所高校加入交大晨读品牌,一起感受被青春和梦想叫醒的愉悦。话题♯清晨那么美,约你来晨读♯总阅读量达到 1.3 亿,日均转评量超过500,阅读量 6 万,总参与人次超过 10 万。

除了晨读,我们还尝试建立了"夜跑""心灵巴士""零点话题"等品牌,每个品牌都取得了阶段性成效,极大地调动起小伙伴们参与的热情。

四、找准痛点,破解难题,让新媒体团队活力满满

在与兄弟高校的交流中,大家都不约而同地谈到这样一个问题:由于校内编制有限,做新媒体的同志往往身兼数职,带领的学生团队流动性比较大,难以实现新媒体的可持续发展。这的确是高校新媒体的一大生态。

上海交大的做法是搭建新媒体实践班+网络文化工作室。在实际工作中发现:学生团队可能对我们提供的平台不感兴趣,对我们提供的补助也不感兴趣,但他们对一样东西感兴趣,那就

是学分。从实践育人的角度出发,学校新闻中心联合教务处、媒体与传播学院推出一门"新媒体理论与实践"课程,通识教育部分由媒体与设计学院的教师上课,实践部分的课程则由新闻中心带领他们做新媒体。这样,学生团队既能够掌握新媒体的理论知识和实践技能,又能拿到自己想获得的学分,而对新媒体团队而言,则可以保证有源源不断的力量注入,真可谓一举多得。

此外,我们还挖掘了一批在校园文化建设领域有一定基础的学生社团,遴选并持续培育学生网络文化工作室。首批入选的有"研会微博""交大司令""西南风""交大源源"和"南洋通讯社"五家网络文化工作室。宣传部、学生工作指导委员会等提供专门场地和经费,建立了资源共享机制和工作协调机制,并制订了《网络文化工作室管理试行办法》。以"研会微博"网络文化工作室为例,这家工作室的主阵地是微博,目前粉丝突破 10 万人,发布微博 1.7 万条,品牌栏目"南洋微评"有 10 多份正能量作品被人民日报微博转发;借助微博新媒体渠道组织"全球华语大学生短诗大赛",目前已成功举办五届。入围作品在微博、电视台、地铁公交移动电视、报纸、杂志等媒体平台上阅读量总计超过 10 亿人次,人民日报、中国青年报、文汇报等 20 多家主流媒体予以整版报道,数百家媒体转载和评论,有效传播了中华优秀传统文化,弘扬了社会主义核心价值观。

通过扶持学生创业团队,上海交大涌现出以开发提供校园有效信息整合、校园活动线上解决方案及线上互动、校园论坛社交等为主要服务的多类微信平台。

新媒体人永远在路上！新媒体工作没有完成时，只有进行时；没有最好，只有更好！我们有信心、更有激情，一定能够传播好教育声音，讲好教育故事！

第2式　选题进阶

从单兵硬作战，到全员巧参与

选题策划能力是衡量高校新媒体运营水平的一个非常重要的指标。在高校新媒体的"朋友圈"，存在一个特别明显的问题就是内容高度的趋同化。高校之间相互借鉴创意，相互模仿。的确，在官微发展初期，离不开学习和模仿，但是真正有竞争力、真正体现官微水平的，还是团队成员呕心沥血的创造，也就是说，原创选题策划能力才是新媒体的核心竞争力。

上海交大官微建设初期也经历了学习和借鉴阶段，那时我们积极地向行业的新媒体大号学习，看兄弟高校都在做什么样的选题，揣摩什么样的选题、什么样的标题容易有阅读量，怎样的排版粉丝更加喜欢。毋庸置疑，建设初期需要极强的学习能力，官微的进步也非常明显。两个多月后，我们已不满足于学习和借鉴他人的选题，开始形成自己的选题生产机制。

概括而言，我们的选题策划经历了三个阶段：

1. 以学生团队为主的选题创作阶段（2013—2014 年）

在这一阶段，官微的选题主要依靠学生团队——南洋通讯社来完成。南洋通讯社由一群朝气蓬勃、喜爱新媒体的青年学子组成，他们的选题策划主要侧重于同学们特别感兴趣的话题，如校园趣事、明星、校园风景等。这一阶段的官微，借助新媒体行业发展初期的迅猛势头,在选题策划和议题设置上,比较准确地切中了青年学生关心和感兴趣的话题,因此在校园里迅速掀起刷屏浪潮。青年学生也非常喜欢这样的官微风格。但与之伴随而来的是,学校里的另一主体——教授、专家、教师等,对官微的"小清新"风格提出了不同的声音。在这一群体看来,官微更应该具有文化内涵和学术底蕴,体现大学的历史传承、发展定位、精神品格和服务社会等方面的特质。我们也非常珍视他们的意见,对既有的选题策划模式进行了反思和改进。

2. 以指导老师带学生团队为主的选题创作阶段(2014—2015 年)

在实践的过程中,我们发现,仅仅依靠学生团队自主策划与创作,难以把学校的中心工作、宣传导向和策略较好地结合起来,必须加强老师的指导和带教。于是,官微进入以指导老师带学生团队为主的选题创作阶段。这一阶段,对指导老师的策划能力、心理承受能力和身体素质都是一个很大的考验。交大官微在推送模式上,选择的是 365 天不间断推送,而且推送时间节点基本在早上 9:45—10:00。这意味着,指导老师必须带着学生团队在前一天 22:00 之前完成选题采编、排版、送审、修改、再送审等流程。这样一种高强度的工作节奏,指导老师承担了很大的压力。我们有一位老师,给自己定了一个"规矩",每天逼着自己想 1~3 个选题,天天如此。两年下来,选题记满了两大本。在这种模式下,官微的运营进入了正常的轨道,制作的选题基本能够满足学校各个群体的阅读需求,对官微的正面声音也越来越多。这种模式有一个明显的缺点:指导老师长期处于焦虑状态,且官微带有强烈的人格化特征,实践证明,这并不是一种可持续的发展模式。

3. 以新闻中心为主的选题创作阶段(2016—2019 年)

我们对自己的选题制度和模式不断进行反思,从传统媒体与新媒体融合发展的角度,提出了机构加学生团队的模式,即按照融媒体的思路,打通了交大报、交大主页、新闻网、英文主页、电子屏、外宣、新媒体等各个平台,传统媒体向新媒体转型,新闻中心全员成为新媒体人。不得不说,在高校现有的体制内,这一制度的推进过程并非一帆风顺,很多老师并不理解这样的制度安排,但这的确是大势所趋、改革必然。以一位电视台即将退休的老同志为例,在新闻发布会上,以往她拍到自己所需要的素材后就会匆匆离开,现在她经常是最晚离开的一个,因为在新媒体的浪潮冲击下,她不仅要完成传统媒体——电视栏目的拍摄内容,还要根据同一题材制作一条新媒体内容。传统媒体平台的老师在长期工作的过程中,往往有一些固定的思维模式和工作模式,让他们按照新媒体的运营思路来做事,集体转型做新媒体人,在高校是难上加难。我们通过选题会的制度安排,实现了从"0"到"1"的突破。

4. 校院多级协调的选题创作阶段(2019 年至今)

这个阶段我们将融媒体建设融入了校院两级中心工作。加强学校融媒体中心阵地建设,落实场地保障,在校内专门建设校级融媒体的研发、办公场地和展播厅。配齐建强队伍,组建校融媒体核心团队,培养全媒体工作思维与技能,提升跨团队协作能力和跨领域学习能力。加强二级单位分中心建设,发挥学科优势,推动形成文博大楼、人工智能研究院、媒体与传播学院演播厅、文化创意产业学院实验室等一批功能互补、各具特色的融媒体分中心。塑造融媒体集约流程,对新闻选题及文稿、图片、视频等素材实行"一体策划、集中采集、分级开发、全媒发布、深度评估",完善以"一张网、一链条、一键融"为核心的集约流程。

我们的制度安排是这样的:每月组织一次由校党委副书记或党委宣传部部长牵头的月度选题会,每周组织一次新闻中心全体老师参加的新闻中心选题会,每位老师至少要策划1~3个选题,然后带学生落地执行1个选题。每周组织一次学生选题会,学生分4个小组提出团队想做的选题,同时把新闻中心选题会上提出的选题与学生团队的选题相结合,或者单独形成选题,组成横向的选题策划项目,由新闻中心的老师带着学生完成最终的选题。

第3式 融媒建设
融媒建设模式,打造高校样本

一、建设特点

高校融媒体建设围绕着"融合—重构—创新"的理念进行。"融合"主要指将传统媒体与新媒体进行有机融合;"重构"是指重构高校融媒体新闻生产机制及工作流程,实现选题及文稿、图片、视频等素材"一体策划—集中采集—分级开发—全媒发布—深度评估";"创新"指基于技术创新和管理创新,依托智能集成系统和优化管理机制实现高效运转。

1. 机构设立与人员配置

依托大学生在线、易班的实践优势搭建高校网络育人平台;各高校结合自身情况,成立"网络宣传与管理工作领导小组",探索网络育人的工作机制。统筹学校院系单位门户网站、新媒体公众号、户外电子屏等,并纳入矩阵管理,最大限度汇聚网络"育人资源"。搭建以微信公众号、微博为主导,以抖音、快手、B站等短视频为窗口,以央视频、人民号等主流媒体新媒体平台为支撑的聚合式融媒体矩阵。依托网络文化节形成"1+1+N"一横一纵多链条的健康清朗网络生态体系,用优质网络作品和丰富的网络文化活动,涵养师生网络素养,构建清朗网络生态。

2. 系统开发

以习近平总书记"四全媒体"理念为引领,不断提升聚合生产能力。开发基于融媒体新闻生产的信息系统,从策、采、编、播、发、管、控、馈八个关键节点进行结构优化,为融媒体新闻资源导入、产品开发、渠道推送、效果评价等提供支持。融媒体中心技术平台从校内媒体全面融合、关联媒体双向对接、权威媒体深度合作三个维度进行业务布局,从一屏、六平台、多端口三个方面进行软件架构,把握新闻传播信息视频化、移动优先化、活动直播化的融媒体报道新趋势,打造"融为一体,合而为一"的融媒体中心软件系统平台。

3. 空间建设与资源统筹

依托院系和学科特色,积极建设融媒体分中心。融媒体实验中心打造联通主流媒体与高校的"智慧实验室",以"中央厨房"概念为核心,构建"主流媒体—高校""学校平台—院级平台"的协同融合研发模式,打造集合 AR、VR 等前沿媒体技术的智慧实验室。融媒体分中心可实现学科共建、成果共享;通过打通主流媒体与高校融媒体实践的"最后一公里路",实现产、教、研融合。同时,作为新闻实践演练场,吸引跨学科、跨专业的师生融媒体工作团队入驻,通过对当下融媒体产品生产、云直播等技术的实操运用,产出一系列融媒体精品产品,培养出多专业协同创新的新型传媒人才。

二、困难与现状

高校融媒体建设面临的瓶颈主要体现在以下四个方面。

1. 高校融媒体平台的定位分散

融媒体平台建设的定位主要还是信息发布和形象展示,虽然有报、网、微、端、屏、播等全媒窗口,但基本各自为营,内容生产和受众对象均有差异,未建立一体化的测采编发、审校评论等系统,数字接入和后台服务作为附加需求,并未纳入前期考虑。

2. 第三方技术介入安全风险高

在校园媒体建设过程中,免不了第三方接口的连接。一方面因为校内专业支撑存在分散性,如新闻媒体传播专业的师生不太擅长软件代码,专业计算机人员又缺乏媒介素养。另一方面,在第三方端口嫁接时,也存在技术、人员、审批、管理、监测等环节方面的安全风险。

3. 运营队伍和监管机制不成熟

融媒体中心主体工作仍聚焦在图文内容、视频产品、视觉形象等方面,对技术应用未针对性地展开培训,包括研发、维护、更新等。在整合校内队伍资源方面没有形成成熟的机制。

4. 与教学和育人融合深度不足

目前,校媒在数字化转型中,内容创作仍聚焦新闻资讯类或热点事件类,未与教学育人等环节深度融合,包括公开课程资源融通、教学咨询和反馈平台。

三、后续建设思路

1. 优化供给要求,打造价值引领内容生产模式

注重原创制作,强化自主创新。充分利用自身优势,促进平

台间的整合、聚合和融合,加快从"借船"到"造船"的转变,打造与主流思想相契合的特色内容品牌和网络舆论平台,不断加强国际传播内容建设。

2. 整合传播渠道,构建校园内外矩阵协作模式

整合校院两级资源,积极引导、培育院系等二级单位融媒体分中心建设,充分挖掘资源共享、人才培养、技术支持等多方面优势,并依托人工智能等新兴前沿学科,为融媒体中心建设提供技术支撑。

3. 发挥团队生态,升级专家师生多维智库模式

建设媒介融合实验室,为各学科的专家和学生提供创新的实验场所。持续推动媒体智能化领域的联合研究,提升媒体智能传播的水平,通过结合人工智能技术,进一步提高传播的效率和精准度。

4. 完善激励制度,激发校园媒体创作动力模式

建立科学的绩效考核体系,根据团队成员的新闻采写、编辑发布、传播效果等,设立相应的奖励机制。组织定期的团队分享会、学习讲座等活动,提高整个团队的专业水平和创作能力。

5. 深耕网络育人,设置高校宣传品牌发展模式

打造新媒体阵地品牌。以"双微短视频"为抓手,加强策划、注重原创,通过讲述故事、深入推进短视频建设、强化互动性等举措,形成各类新媒体平台集群发展态势,扩大学校新媒体宣传的影响力。

6. 实施立体联动，创新融媒体多维管理模式

积极探索运用信息革命成果，从思维、空间、渠道、内容、平台、流程六个维度，构建从管理推进、内容制作到供给传播的全过程闭环式工作流程体系。

第4式　矩阵合力

校内账号管理・校外矩阵联盟

中共中央、国务院 2017 年 2 月印发的《关于加强和改进新形势下高校思想政治工作的意见》强调,要加强对校园各类思想文化阵地的规范管理,加强校园网络安全管理,营造风清气正的网络环境。对校园文化相关的网络账号,要从内容、平台、生态三个方面进行管理。

一、源头管理,创新网络新媒体制度

2017 年 6 月 1 日,《中华人民共和国网络安全法》正式实施,把建立多边、民主、透明的网络治理体系提高到法律高度,这意味着对新媒体和自媒体的内容管理有了法律依据。据此,上海交通大学从顶层设计上建章立制,加强内容的源头治理。

1. 形成规范文件

制定《微信公众号管理办法》,加强学校微信公众号管理,激发二级单位和师生团队利用微信公众号做好宣传和思想工作的积极性,形成新媒体集群发展的态势。在管理办法中明确管理原则和责任主体,即按照"谁申请、谁主管、谁建设、谁负责"的原则,校党委宣传部是学校官方微信建设和管理的职能部门,负责指导和管理全校微信公众号的建设和运营。院(系)、部(处)、直属单位、附属单位党委(党总支)负责本单位微信公众号的建设与管理,宣传工作负责人是本单位微信公众号的直接责任人。

2. 加强内容审核

落实专人采编、专人审核,严格执行编审制度和发布机制。公众号推送的内容必须由所属单位落实专人把关。同时,加强微信公众号的考核管理,学校委托第三方机构对公众号运营情况进行年度评估,形成运营报告,并作为是否通过年审的重要参考。

3. 明确审批程序

通过非正常途径认证的以学校为主体的公众号,一经发现,及时关停。逾期未进行年度考核的公众号给予提醒。如果经提醒仍未进行年度考核或考核不通过,予以注销。

4. 实行负面清单管理

在公众号报批或年度考核时,必须在《新媒体管理负面清单》承诺书上签字。公众号管理者和运营者必须牢固树立阵地意识,坚守底线思维,不得触碰负面清单规定事项。

5. 实行预警约谈制度

对运营不佳或触碰负面清单的微信公众号,先约谈预警;违规情况严重,或提出预警后仍未采取相应措施的,视情况决定是否取消其认证资格。

二、平台管理:管理与监测集群式一体化运用

1. 新媒体平台的"矩阵"化管理

随着信息化建设高速发展,各高校陆续建立了自己的官方微博、微信等新媒体阵营,各高校下属部门也申请了自己的微

博、微信等新媒体账号，高校及各部门借助这些超级新媒体平台，通过新媒体技术和手段，对各自新媒体账号进行满足不同运营需求的深度功能开发，为师生校园学习和生活等各个方面提供了非常便捷的服务。但高校想要同时监督管控几十个下属部门新媒体账号就成了难于攻克的关卡壁垒，为此，新媒体"矩阵"应运而生。

目前，运作比较成熟的新媒体矩阵有微博类矩阵和微信类矩阵。在平台端创建学校矩阵功能后，在后台录入各部门的官方微博/微信账号、学校官方认可的老师个人账号等账号信息，实现多账号按照设定规律和版式进行矩阵排列，即可实现平台端的微博/微信矩阵展示，而用户点击单个账号图标头像，即可实现从矩阵页面到该账号页面的快速跳转，一触即达。把微博矩阵页生成二维码发布到多个平台，如官网、微博、微信、QQ、浏览器等，实现一键快速扫码访问矩阵页面，可便于用户快速熟悉了解高校官方微博及下属部门官方微博账号群，快速实时掌握高校各官方微博账号推送的权威信息。用户还可以通过关键字搜索、菜单按钮、扫一扫等方式快速访问微信矩阵，熟悉了解高校官方微信及下属部门官方微信账号群，实时掌握高校各官方微信账号推送的权威信息。

微博矩阵和微信矩阵还可以连接在一个平台内，形成一个新媒体矩阵，实现网站导航、一键快速访问。

2. 网络新媒体实时监测

当前微信公众号数量已超过 1 000 万个，每个公众号主体都可以通过微信公众号推送文章和消息发出自己的声音，但是各种文章和消息内容质量良莠不齐，而当今互联网消息的传播速度之广之快又增加了这种舆论导向的不可控性。因此，在技术层面需要一个强有力的学校舆情监控系统做后盾支撑，对公众号实时监测。

实时监测系统需要满足自主添加目标公众号集合，收录、分析、处理图文数据，方便学校及时了解管辖范围内的微信公众平台图文信息，若有敏感词、关键字词等，实时推送告警；形成可视化目标公众号集的比较图表，方便清晰对比多个公众号的运营情况，灵活管理各个公众号；使热词、话题、关键字等数据单位图表化、可视化，便于整体了解新媒体热点、发展趋势；提供当日热词、一周热词、各机构/组织/个人一周热词；自主添加删除敏感关键词库，生成敏感词汇账号日排行、周排行等。微信公众号监控视屏如图 1-1 所示：

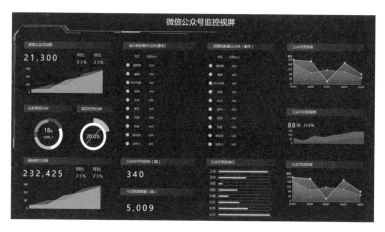

图 1-1　微信公众号实时监测数据

三、生态管理:引导网络新媒体成长空间

大学生处于一个霸屏模式的网络舆论场,这个舆论场信息混乱、多元复杂,与他们朝夕相伴的新媒体环境与主流价值观传播契合度不高,以自媒体为代表的媒体群落野蛮生长、内容良莠不齐。大学生所处的移动互联网生态环境长期处于无序状态。

1. 牢牢把控网络意识形态主阵地

网络新媒体具有海量信息承载、碎片化信息传播、虚拟化信息传播环境等特征,折射出当代多元言论空间的现实图景,反映了社会转型期各种亟待解决的问题的复杂性、全局性和突发性。互联网已经成为意识形态斗争的主战场、主阵地、最前沿,网络意识形态工作是意识形态工作的重中之重。要制订各级党委关于网络意识形态工作责任制的实施细则。落实各级党委(党组)领导班子、领导干部网络意识形态工作责任,明确组织机构、工作机制和考核评估举措,形成协同联动、相互支撑、科学有效的工作机制,牢牢把握网络意识形态工作领导权、管理权、话语权。

2. 维持官方和民间"舆论场"动态平衡

长期以来,我们所生活的网络环境并存着"两大舆论场":一是主流舆论场,如人民日报、新华社、央视、光明日报等媒体所传播的网络信息;二是民间舆论场,如天涯社区、百度贴吧、知乎、两微(微博和微信)、自媒体等所传播的网络信息。对高校而言,需要有效关注"主流"和"民间"两个舆论场,建设具有强大传播力和影响力、包括成千个各级门户网站在内的主流舆论场,以及100多个自媒体平台、BBS、社区、贴吧组成的民间舆论场,推动

整个新媒体生态的自引导和自净化。

3. 有效管控网络新媒体的舆情"风险点"

目前,高校网络新媒体风险点主要体现在以下几个方面。一是盲目借助热点炒作。通过对新媒体平台推送内容的分析可以发现,不少新媒体账号盲目跟踪热点,不惜借助一些非主流,甚至恶俗低俗热点来炒作营销。个别账号还精于软文写作,通过设置议题,引导话题走向,然后推出希望曝光宣传的内容,使广告效果最大化。靠媚俗来吸引眼球,靠热点来加大公众号推广,这一趋势成为新媒体账号目前最为明显的特征。二是散布不实虚假信息。新媒体风险点最主要体现在其发布信息的虚假和夸大。在高校,有些网络新媒体借助家长和社会对教育改革进程、教育事件的关注,大做文章,广吸眼球。不少公众号在高考等热点事件前一个月,提前散布有关事件"最新政策"等不实信息,引发社会广泛关注,来达到推销课程和为公众号引粉的目的。在招生宣传上,新媒体账号存在的普遍问题是过分夸大培训的价值和作用,各种"保过班""押题班""直通班""命题专家辅导班""内部名额班"等层出不穷,通过虚假宣传和迎合人们的猎奇、投机心理来招摇撞骗,导致"虚假信息满天飞",真相被掩埋在各种不实信息中,这些都需要通过加强监管来进行规范。

大部分高校目前对网络新媒体的管理还主要以市场自我调节为主,一些新媒体账号和自媒体账号更是长期处于无人备案、无人监管、无人审核、无人指导的"四不管"状态。只有我们充分认识到新媒体的特点和规律性,进而采取行之有效的手段,加强安全管理,最大化规避风险,才能有效提升高校网络空间安全的治理水平。

四、校内外矩阵联盟,打造合力发声

2012 年是公认的高校微博元年。从那时开始,各大重点高校基本开通了官方微博,在新媒体兴起之初,校内二级单位也纷纷开通微博账号,开启微博传播时代。一时间,微博话题、微博问政、微博体等在互联网上蔓延,也形成了校内传播的多个舆论场。为了有效整合传播平台,我们组建了微博矩阵,把校内微博账号纳入统一的管理与传播体系,便于"串联"管理,"并联"发声。2013 年,微信时代开启,各大高校纷纷入驻官方账号,随之而来的是,校内的新媒体账号如雨后春笋般涌出,不少高校也参照我们建立了微信、微博矩阵,很多高校新媒体联盟成立。

2012—2015 年,在新媒体领域,已形成了微博和微信并存的新媒体生态。2015—2016 年,随着今日头条、QQ 智慧校园号、企鹅号、百度百家号以及各种直播平台的出现,新媒体行业呈现"野蛮生长"的态势,特别是在 2016 年,各大新媒体平台把高校作为优质客户,邀请高校入驻。上海交通大学借助 120 周年校庆的契机,第一时间入驻了智慧校园号、企鹅号、百家号、一点号等,形成了与校内新媒体矩阵相得益彰的校外新媒体矩阵。在和兄弟高校交流的过程中,很多高校都对开通这么多新媒体平台有顾虑,主要是担心不可控,甚至担心会有舆情出现。我们分享的理念是:新媒体本身就是一个开放的传播平台,也是学校非常重要的网络阵地,不能因为怕有舆情,担心运营的压力,而放弃这些宣传载体,不仅不能放弃,更要主动占领。抢占了这些阵地，就能先入为主，赢得主动权、话语权和管理权。2016年1月21日，上海交通大学入选教育部新闻办"微言 TEAM 计划团队"，全国仅上海交大和北京师范大学两家单位。2017年1月5日，中国教育政务新媒体年会在武汉召开。会上，上海交通大学党委宣传部成为中国教育政务新媒体联盟工作小组副组长单位。为大力推进教育政务新媒体建设，构建上下联动的教育系统新媒体宣传格局，教育部新闻宣传中心组建了中国教育政务新媒体联盟。该联盟于2013年成立，截至2017年1月，成员单位已达1 200家。联盟的主要任务包括联动发布信息、联动做好舆情应对、共同参与教育部政务新媒体建设等。

在校内外矩阵联盟运营中，我们得出以下几条共识。

1. 新媒体发展共同体

这是一个新的提法、新的理念。校内外联盟平台众多，在建设思路和顶层设计上，必须坚持"新媒体共同体"的理念，把校内联盟、校外联盟看作是一个大的联盟。联盟内各个版块分别怎么定位，扮演什么样的角色，发挥怎样的作用，都需要分类指导，统一规划，分层实施。

2. 开放包容建设理念

不可否认，新媒体的发展使得校园舆情的传播规律也有了改变。很多高校的舆情事件通过新媒体平台引起全社会的关注，这样的案例不胜枚举。所以，在对待校内外新媒体联盟上高校的态度也不尽一样。不少高校认为：一则，平台多了，需要花更多的时间和精力，投入更多的人力、物力去运营，运营的效果也不尽理想；二则，新媒体平台是一把双刃剑，在传播正能量上新媒体是扩音器，同样，学校一旦碰上舆情事件，新媒体也是助推器；三则，对新媒体有一种惧怕心理，不知道应该如何管控，还处于传统的管理思维，认为"多一事，不如少一事"。上海交通大学对待联盟和平台的理念是开放包容。现在所处的时代，是新媒体慢慢成为"传统媒体"、新媒体与自媒体并生崛起的时代，如果不开放包容，不顺势而为，那就是作茧自缚，很难做好新媒体，也不符合新媒体的发展趋势。

3. 以双微为主导运营

在众多校内外矩阵联盟中，必须要有主导力量，在所有联盟中占据指导、引领地位。上海交通大学的做法是做大做强双微（官方微博、官方微信）。因为只有双微做好了，才能在联盟中形成支配地位，联盟内容各媒体平台才相对稳定。这样的做法，是基于一种现实情况，每个新媒体平台的具体管理部门属于学校不同的机关部处和学院，双微的管理部门是党委宣传部。在具体管理和指导上，容易发生不和谐的情况，甚至出现和官微争素材、抢发内容的情况。很多高校在和我们交流时都提到这种不和谐的现象。在这种情况下，只有把双微做得足够好，才能在联盟各平台时占据指导地位。上海交通大学的校内外矩阵联盟间基本形成了"规定动作齐步走，自选动作有指导"模式，即在学校中心工作、重大活动、重大选题上，需要联盟平台协同发声的，可以做到以双微为主导，"规定动作齐步走"。针对矩阵联盟内各媒体平台的日常选题策划和运营，双微可以给予一定的业务指导，做到"自选动作有指导"。

第5式

先礼后兵

杜绝侵权内容,规范管理流程

在新媒体运营过程中,经常会碰到各种各样的侵权事件,包括形形色色的侵权账号,这一直是令学校非常头痛的一件事。新媒体部门左手搞内容建设,右手搞阵地管理。基于新媒体的侵权事件,在应急处置上,很大程度上与新媒体管理部门有关。

然而,我们在联系腾讯、新浪、今日头条、知乎等平台方的时候,发现这些互联网公司的事业群和业务条块分割非常细。一旦碰到侵权事件,想第一时间联系这些平台进行处理非常难。事业群多是一方面,还有一个更重要的方面,在删帖、隐私保护、内部管理上,这些公司都有非常严格的规则和非常复杂的程序。非经特殊情况(灾难、政治事件、倾向性、苗头性事件等),特殊渠道(中央网信办、省级网信主管部门),一般很难得到及时处理。

下面从侵权事件和侵权账号两个方面,分享一些处理办法。

1. 侵权事件的处理

通常按照"先礼后兵"的思路来,最快的方式就是沟通解决。这种方式比走正规投诉、找网信部门举报来得便捷。在过去的两三年内,每年我们碰到的侵权事件有5起左右,大部分都是通过沟通解决的。我们的做法是:通过平台加 V 后台留下的注册信息,快速找到运营方,再到运营方官网上查询公司办公电话,跟侵权方建立联系，依法有理有据地沟通解决。或者是在平台后台留言并留下联系方式，请运营者及时跟我们联系。通常而言，这两种做法都比较奏效，涉及上海交通大学的大部分侵权事件都是通过这两种方法处理的。

当然，这种方法还有一点需要特别注意：如果涉及的侵权事件上升为舆情事件，而且涉事方是媒体，那么跟对方联系的时候需要格外注意。因为跟媒体交涉的过程，他们极可能录音、截图，一旦沟通失败，这些都有可能成为媒体二次爆料的素材，从而产生次生舆情。

概括而言，碰到侵权事件，及时沟通是非常有效的手段。需要想方设法跟对方建立联系，找到具体运营者，告之侵权，并请对方配合删除。这一通道也有不畅通的时候，如果联系不到对方，或者对方极不配合，那么侵权事件短期内可能得不到处理。腾讯、新浪微博、今日头条、知乎等都有在线举报通道，需要提交侵权的举证材料和机构证明。单纯发盖有校印的公函效果不理想，这些平台一般不会理会这种形式的公函，他们会严格按照平台规则来处理。能不能得到及时处理，要看这些互联网平台的响应速度。还有一个办法也比较好用，至少可以引起平台方的注意。那就是组织一支 200～300 人的队伍同时通过举报通道举报发布者侵权。

如果这两个方法都不奏效，还可以按照正规程序发函联系地方网信部门，举报发布者侵权。网信部门需要走一个确认、审核的流程。这一过程同样比较缓慢，且如碰到舆情事件，很难及时处理。等到有关部门作出反馈，舆情可能已完成发酵。

法律渠道是侵权事件处理的最后一道底线。如果我们尝试了与运营方积极沟通,向平台方投诉、联系网信部门处理,都没有得到有效解决,且侵权事件给学校声誉带来了非常大的损害,还可以通过学校法务部门发律师函,甚至通过诉讼、仲裁等司法途径进行维权。

2. 侵权账号、违规账号的处理

在学校的网络生态里会存在很多风险账号,主要包括侵权账号和违规账号,这些账号有些是校内的,有些是校外的。对于校内账号,我们在《上海交通大学新媒体管理规定》中明确了新媒体内容的负面清单和约谈制度。如果校内账号触发了负面清单的内容,按照有关规定,可以约谈账号所属单位负责人和账号运营者。通过约谈制度来加强和约束校内侵权账号和违规账号。这些账号也会被纳入学校风险控制账号进行重点监测。如果反复出现侵权和违规情况,则由学校出具相关证明文件,将该账号予以关停。

最让高校头痛的是校外自媒体账号。这类账号分为两类,一类是机构型自媒体账号,另外一类是个人型自媒体账号。学校经常碰到一些冒用交大名义,或经常发布交大内容的校外自媒体机构。未经授权发布学校内容,甚至是发布一些不客观、不属实的内容,明显属于侵权。如微信公众号"洋葱交大",长期发布假消息。"洋葱"在国外是专门发布假消息的专有称谓,但是放到国内,很多师生对"洋葱"并不熟悉,"洋葱交大"发布的内容,经常让师生信以为真,有时候还会造成一定程度的误解和恐慌。我们通过官微后台辟谣中心举报,并以学校名义向腾讯发函,要求关停"洋葱交大"。腾讯第一次先是封了"洋葱交大"的头像和名称。可接着"洋葱交大"改了名称,继续发布假消息。我们再次通过官微后台联系腾讯,出具学校要求关停的公函,后来,腾讯取消了"洋葱交大"的所有功能。

个人型自媒体账号,主要是指以公民个人身份证认证的以机构运营的自媒体账号。对于此类账号,由于平台方对个人隐私保护比较严格,账号后台信息显示较少,很难根据"零星"信息确认出运营主体和运营者身份,平台方也不会告之相关信息。此类侵权账号、违规账号是最难处理的,也是互联网治理过程中的一大顽疾,尚未有特别有效的处理手段。通常的做法是向网信部门举报,请求对发布的侵权文章进行处理,或对自媒体账号进行关停。或者从该账号推送的海量历史消息中,通过大数据手段为该账号进行网络"画像",从中对运营者身份进行排摸、分析、研判、确认,然后再进行干预处理。

网络育人

优化网络生态，推进育人实效

习近平总书记在党的二十大报告中指出，加强全媒体传播体系建设，塑造主流舆论新格局。网络空间是师生共同的精神家园。网络空间天朗气清、生态良好，符合师生利益；反之，网络空间乌烟瘴气、生态恶化，则会影响师生工作学习。在新媒体与自媒体共生的时代，如何综合运用新媒体主动占领网络阵地，发挥网络生态育人作用，引领高校网络思想政治教育的创新与发展，是高校普遍面临的一项重大课题。

在"互联网＋"时代，"谁赢得了互联网，谁就赢得了青年"。习近平总书记在全国思政大会上指出，做好高校思想政治工作，要因事而化、因时而进、因势而新。为加强网络空间治理，国家成立了中央网络安全与信息化领导小组，由习近平总书记担任组长。各省、市、自治区也成立了网信办，形成了自上而下的网络治理体系。

中国现有 10.79 亿网民，约 400 万家网站，每天在网上产生传播的信息有 300 亿条。我国已成为全球最大的互联网市场，也迎来了最为复杂的网络舆论生态，面临着最为艰巨的网络治理难题。在"人人都是麦克风"的自媒体时代，网络空间也到处充斥着"负能量"，舆情突发事件接二连三，不断冲击着人们的眼球和思想。

在互联网社群中，00 后、90 后被称为网络"原住民"，80 后是网络"移民"。被称为"低头族"的大学生将网络作为获取信息、生活社交的主要方式，能否"以学生为中心"，通过大学生喜欢的方式、熟悉的内容、常用的渠道，在潜移默化中实现社会主义核心价值观引领呢？

以网络新媒体为主导，实现网络生态育人具有重要而现实的意义。我们以"立德树人"为目标，着力从体制、平台、内容、品牌等方面率先突破和尝试，发挥了网络生态育人作用，在全国高校中形成示范和引领地位。

一、主要做法

1. 顶层设计，统筹管理，牢牢把握主动权

为加强网络阵地建设，实现校园网络安全管理的统一归口，上海交通大学于 2006 年率先成立"网络宣传与管理工作领导小组"，下设专职办公室，提供专门办公场所、调配专门编制、划拨专门工作经费、建设专门学生团队，通过季度例会制度、重大舆情会商制度、特殊时段协同值班制度等，有效实现部门间良性联动。为了进一步加强和改进网络意识形态工作，上海交通大学制定下发《中共上海交通大学委员会网络意识形态工作责任制实施细则》（沪交委〔2017〕72 号）。该文件明确规定，各级党委（党总支）领导班子对本单位网络意识形态工作负主体责任。领导班子主要责任人应当带头抓网络意识形态工作，带头管阵地，掌握网络意识形态阵地。上海交通大学党委宣传部逐步建设和

形成网络舆情评论员队伍、学生网管员队伍、饮水思源 BBS 站务组队伍、网络文明志愿者、网络文化工作室等多支网络工作队伍，共同协作，形成工作合力。

2. 聚合平台，打造矩阵，形成复合传播效应

一是打造校内"中央厨房"。党委宣传部有效整合阵地资源和平台优势，实现了校报、校刊等传统媒体与网站、微博、微信、短视频等新媒体融合发展、错位互补，构建"一报一网一台两微两屏多终端"的复合平台。二是组建矩阵"协同传播"。组建网络矩阵，搭建了以官微为主导，包含 100 多家微信、微博的聚合式媒介平台，在内容生产、协同传播、联动支撑等方面，最大限度汇聚"网络资源"。三是融合借力"社交平台"。我们第一时间入驻新浪微博、腾讯微信、今日头条、抖音、快手、B 站、百家号等社交平台，实现了校内网络平台的有效拓展。

3. 扩大供给，注重原创，引领校园网络生态

上海交通大学党委宣传部坚持内容为王，提高内容供给质量。近年来，结合师生校友阅读需求、学科特色和社会热点，上海交通大学党委宣传部利用网络新媒体，借助重要时间节点，坚持 85% 以上原创作品生产，制作了数万篇高质量、重内涵、传播广的优质原创作品，并坚持 365 天每天早中晚推送，时时陪伴师生，成为思政教育的"第三课堂"。

4. 深耕细作，精心培育，推出网络文化品牌

上海交通大学党委宣传部建设了 32 家大学生网络文化工作室、10 家教师网络工作室、2 家网络文化研究室，并在网络文化工作室中开展"一室一品"品牌创建活动，凝练和打造一批网

络文化特色项目。例如,官方微博根据大学生群体特点,推出"清晨那么美,约你来晨读"品牌,全球近100所高校加入这一晨读品牌,超过10万人次参与,总阅读量达到1.3亿人次。

二、主要成效

1. 引领全国高校

1996年上海交通大学百年校庆之际,学校正式开通了门户主页、创建了全国高校首个校园BBS论坛,拉开了校园网络文化建设工作的序幕;1999年率先提出"思想政治教育进网络",2001年受教育部委托举办"思想政治进网络"班,成为全国第一个网络思想政治工作组织实施学校;2004年承建教育部中国大学生在线,2005年承建上海大学生在线,2006年创建辅导员博客、e-class等,2007年开辟BBS校务区,2009年首批试点易班,2010年开建微博,2012年开通微信官方公共账号,2013年"唱响网络主旋律,开拓育人新领域——上海交通大学十余载持续推进校园网络文化建设"获得第八届全国高校校园文化建设优秀成果特等奖。2016年和2017年承办了教育部和上海市的大学生网络文化节。学校新媒体工作一直处于全国领先地位,官方微博、官方微信2015年、2016年荣获全国高校双第一。2017年,学校与新浪微博共建网络文化品牌研究院。获评2020年度抖音最具影响力高校官方账号、2020高校快手号年度影响力奖、2020B站高校优秀校园活动组织奖、2020哔哩哔哩十大最美校园、2021快手政务账号优秀创作者、2021全国教育政务新媒体主题宣传"网络拉歌最佳传播奖""主题策划年度案例奖"

等，连续九年获评中国青年报"中国大学官微十强"。

2. 打造"四个一批"

打造"四个一批"即催生一批原创优秀网络成果，凝练一批网络文化品牌，扶持一批接地气、有温度、有情怀、有影响力的网络工作室，培养一批传播正能量、具有较高网络素养和较强媒介能力的新型人才，引领全国高校网络育人工作的创新与发展。如双微团队有学生100余人，每天向500万粉丝生产原创网络内容，每年生产数千篇高质量原创网络内容。

3. 成果得到孵化

作为全国第一个网络思想政治工作培训基地，共举办各种培训班30余期，培训高校教师2300余名。学校分年级、分领域建立了22个大学生网络德育工作室，促进辅导员队伍专职化、专业化、专家化发展。已举办了7届传媒领袖大讲堂，邀请了30余位政界、学界、业界传媒领军人物，为来自海内外150余所高校的300余名学子集中授课，累计培养了2000余名大学生网络传媒骨干。

4. 贡献交大智慧

我们通过多种途径贡献了交大智慧，例如：

举办全国高校新媒体高峰论坛，交流高校新媒体建设经验；举办教育部大学生网络文化工作室学生负责人培训营，培训骨干网评员；在新浪微博、腾讯、今日头条、中国青年报等组织的全国新媒体盛典上作新媒体工作交流发言十余次；每年接待20多家高校来上海交大调研新媒体工作；等等。

三、思考启示

1. 更加注重价值引领

习近平总书记在全国思政大会上强调，要坚持不懈培育和弘扬社会主义核心价值观，引导广大师生做社会主义核心价值观的坚定信仰者、积极传播者、模范践行者。在新时代网络治理实践中，弘扬社会主义核心价值观是高校的使命担当。

2. 更加注重受众认同

在长期的实践过程中，我们总结出几条规律：一是通过人物（演讲、故事、感人事迹等）传播社会主义核心价值观更有成效；二是与母校相关的话题和素材更能引起交大师生、校友、家长的共鸣和认同；三是将社会主义核心价值观蕴含在学校办学历史、成就、使命中传播，在特定群体中更具实效。

3. 更加注重网络文化

从现实看，一些严重违反核心价值观的丑恶现象通过网络广为传播，公民如果不能从网络上接受正面力量的潜移默化，负面信息就会乘虚而入，直接影响其核心价值观的形成。因此，要高度重视网络文化建设，完善网络交流平台，加强网络管理，善于运用网络空间褒扬真善美、抵制假丑恶、集聚正能量，唱响社会主义核心价值观的主旋律。

4. 更加注重"舆论场"

在大学校园，我们要更加有效整合"主流"和"民间"两个舆论场，建设具有强大传播力和影响力的包括1 000多个校院系网站在内的主流舆论场，以及100多个自媒体平台、BBS、社区、贴吧组成的民间舆论场。创作大批正能量的网络作品，为"主流"和"民间"两大舆论场源源不断地输送正能量的内容，营造风清气正的新媒体环境。

5. 更加注重"主题群落"

一是以高校为基本细胞，凝聚网络大 V，通过独特纽带形成学校官微和体育明星、双创等大 V 良性互动。二是创作海量接地气、有温度、有情怀的新媒体作品，每天在师生"朋友圈"刷屏，推动整个新媒体生态的自引导和自净化。三是构建学校、学院、自媒体三级网络生态系统，党委宣传部负责整个系统的统筹、建设、引导、维护，学院建设具有学科特色的"主题群落"。

2

实 务 篇

SHIWU PIAN

仰望星空勇想象

脚踏实地筑基石

第7式

育人之本

明确平台定位，强化价值引领

一、核心定位——思政教育载体

2021年5月，为充分发挥新媒体平台对高校思想政治工作的促进作用，推动高校公众号成为思政教育的有效载体，中央宣传部、中央网信办、教育部、共青团中央公布了全国首批200个高校思政类公众号重点建设名单，推动高校思想政治工作走深走实。这一举措再次明确了高校官微的定位和运营方向，在新媒体内容的策划和创作中，要与时俱进地挖掘更具价值引领意义的校园新闻资源，更好地彰显育人价值。上海交通大学首批入选重点建设名单，在前期建设基础上更加夯实相关工作。

1. 做好宏观顶层设计，形成风格化的思政官微

高校公众号平台包含多个组成部分：公众号简介、导航栏、推文内容、注款格式等，这些组件都会影响到读者对于公众号的整体印象。瞄准高校定位，应在公众号的宏观架构上体现思政教育元素，在内容设计上为思政教育服务。如报道有影响力、有教育价值的学校核心要闻，产学研转化的社会实践，结合线下开展以爱国、劳动等为主题的联动活动等。对于公众号的设计，在导航栏添加微主页等功能，方便用户快速查询新闻资讯；在排版

上以简洁美观为主,为公众号设立严谨但不失活泼的形象,更好地让学生接受。

2. 充分利用平台功能,开展互联网的思政教育

新媒体作为现代社会的新型传播形态,也具有传统媒体时效性的特点,且这一特点也体现得更为明显。教育新闻、影响力事件、思政教育内容等信息通过公众号这一媒介可以更快、更广地传播到学生中,大大提高了思政教育的效率。此外,公众号不同于传统媒介,还具有用户留言、评论等功能,有助于倾听学生声音。活用公众号功能,能大大提升育人成效。

二、核心作用——青年价值引领

高校建设以育人为本,而高校公众号则是承担价值引领作用的重要载体。当前各高校的公众号种类繁多,数量逐年上升,但其作为思想教育载体的作用还发挥得不够。在宣传价值引领内容时,往往机械地陈述新闻和事件,缺乏创意和活力。因此,应充分挖掘育人主题的生动样本,将故事以更加生动、更吸引人的方式传达给学生,这样才能更好地实现育人效果。

1. 从"微小"处走"深"

想要吸引学生的兴趣,更好地发挥育人作用,其中一个重要的思路就是从身边人、身边事讲起。用真实发生在身边的生动故事影响学生,激励学生爱国奋斗的情怀。例如,交大公众号曾报道上海交通大学毕业生的就业选择等内容,用身边学长学姐的就业故事影响读者。在创作此类内容时,要注意挖掘事件的背景故事和细节,真实和真诚是故事走向读者的最佳道路。

2. 在"广阔"中展现"生动"

育人内容题材是丰富而广阔的,但枯燥的文字往往收效甚微。想要上好生动的思政课,最重要的就是做好"结合"。一方面,要线上与线下做好结合,将生产实践或线下课堂等与线上宣传相互结合,利用公众号的力量提升影响力、提供助推力。另一方面,要做好传统文案与新技术的结合,利用视频、小程序、H5网页等新型技术展现多维视角,用生动的形式展示丰富的内容。

如【沪高校就业协议编号001—100:这是交大学子的选择】,报道了一批上海交通大学的毕业生满怀激情与理想,奔赴祖国和人民最需要的地方建功立业的故事(见图2-1)。系列推文发布多篇,总阅读量10万＋,获得了大量的用户留言。此主题从学生身边的优秀学长学姐延伸,以此激励更多的学子肩负责任、勇担使命,参与祖国未来的宏伟建设。

图2-1　推文配图

如【这是什么新操作？交大把课上到田间地头，一起去看看吧】，展示了上海交大依托农业与生物学院开展的劳动教育课程，同学们走进田间地头认领"责任田"，亲手耕地和播种。线上公众号平台与线下劳动"大思政课"进行了紧密联动，对相关课程进行了全方位报道，既体现了育人主题，又体现了劳动趣味，大大提升了学生的自信心和劳动认知，强化劳动价值引领，深化了劳动育人内涵。网友热情评论："理论联系实际的教学方法。参与者将受益终生。为这种教学方式点赞！"

第8式 运筹帷幄
制定推送战略，见深落小走实

一、借势——众人划桨

新媒体作为一种"快餐文化"，除了"短平快"的内容产生节奏外，也需结合当下的相关形势辅助推进，形成前期预热、中期造势、高潮冲刺、后期回温的一个中长期战线。如借助校庆节点宣传造势，从预热到互动再到冲刺，协调全校、全社会等各方力量，扩大传播辐射范围和影响力，并借此时机加强与兄弟高校的互动，形成一道校庆纪念活动的新媒体风景线。关于高校新媒体如何借势进行造势、宣传、传播和发酵，有以下几点感想。

1. 做好长线作战计划表，分阶段攻坚克难

前期确定预热方案，定期召开新媒体选题会，提前策划和布置相关内容，既要结合与当前时间点对应的内容，又要定期为校庆氛围造势；中期进入校庆月，开始全速冲刺，大量原创内容和校庆周边话题不断发力，让在校师生、毕业校友、社会大众逐渐感受到浓烈的校庆气氛；后期在校庆日左右，超速冲刺，连续发布官方重磅策划内容，以刷屏态势传播和分享交大人的归属感、自豪感和凝聚力。因此，借势作战的要点之一，便在于分阶段攻坚克难，不同阶段持续发力，形成滚雪球式的传播效果。

2. 乘势而上，众人划桨齐作战

校庆之势，仅靠一家之力明显不足，交大在借势宣传中，充分利用了新媒体的传播快速快、内容生产高效、触及受众广泛等特点，基于微信，结合微博，进行了持续多轮的互动，最终累计约10个国家、27个省市、100多所高校参与互动，共覆盖约1500万网友，哈佛、耶鲁、牛津、剑桥、麻省理工、清华、北大等国内外名校均互动祝福。借着校庆态势，与众人共同划桨，打好了校庆线上互动和传播之战。

如2024年暑期，巴黎奥运会开幕，全民关注、流量聚集。赛事前方，运动健儿挥洒汗水、为国争光；而在后方，上海交通大学的新媒体团队也全程忙碌，频频发出贺信，甚至凌晨赶好推文发送，让很多网友"一觉醒来"就看到奥运中的交大喜讯。乒乓球运动员马龙、樊振东、孙颖莎、王曼昱，游泳运动员徐嘉余、汪顺、潘展乐、柳雅欣、李冰洁、唐钱婷以及网球运动员张之臻等在此次奥运会夺牌的选手，都是上海交大的学子、校友，因此不少网友也称学校为"上海交通体育大学"，点赞学校的体育育人氛围。巴黎奥运会期间，这支由年轻人组成的工作团队推送了近10条相关主题官微，收获了多条10万＋好口碑、大流量的优质推文。此间，还有微博、小红书等多个新媒体平台的运维。小编们提前梳理了参赛的交大选手名单及对应赛程，第一时间关注比赛动态，希望能通过第一时间的发声互动，营造凝聚人心、为国加油的氛围。"交大速度，我是服气的""咱就说，小编速度是不是太快了，看完比赛拿起手机就看到推送了"……有不少网友就此互动感慨。

3. 抓住大众关注重点，策划重磅热点选题

　　校庆期间，有较多丰富的、自发的校内外宣传点和重大事件，涉及领域也很广泛，包括基建、文体、教育、基金、科研、宣传片、志愿者等，但关注者大多都局限在与交大相关的人群。想要策划受众广泛、引发共鸣、能撬动传统媒体的选题，需抓住大众关注热点，通过团队头脑风暴、选题调研、内容采编、打造标题、滚动传播等形式，推出重磅热点选题。

　　如【百廿交大，多少人曾爱慕你年轻时的容颜】的成功推送。2016 年，是上海交通大学 120 周年校庆年。在前期预热阶段，交大新媒体团队联合学校档案馆、研会微博共同策划推出了一条"古今对比照"，同样的学府，不同的时代，同样的场景，不同的学子，一时开启了大家记忆之门，将思绪带回当年求学时的纯真场景，同时也感叹当下学子们的意气风发。此条内容一经官微推出，迅速突破 10 万＋，后续得到社会媒体的转载与发酵，形成了阅读量达 10 亿次的广泛覆盖度（见图 2-2）。

图 2-2　媒体报道截图

又如【上海交通大学纪念建校 120 周年】,采用图文全景直播的形式,在 4 月 8 日纪念大会落幕,校友们走出会场的那一刻同步推出。既让校友、师生、参会者和社会人士第一时间分享那份归属感、自豪感,也形成了刷屏为母校祝福的态势,同时,这也是对新媒体团队的能力考验,既要及时采集、回传和处理图片,又要实时记录、校对、整理文字。当天的这条推送,短时间内破 10 万+,是一条借势推送的典型案例。

再如【交大 8 分钟:大家好,这里是上海交通大学】,此内容为上交通大学官方微信 2018 年 4 月 26 日的一条推送,主题为学校 2018 年宣传片——《今日上海交大》,以一个全新的视角,走近这所熟悉的大学。从历史积淀、重要事迹、学科建设、科研成果、校友人物等,全面介绍了校史、校情和校园,将交大的发展历程娓娓道来,同时也展示了交大塑造中国乃至世界未来的非凡之路。推送采用视频与图文结合的方式,极大增强了师生校友的自豪感和归属感,引起转发刷屏状态,形成有内容、有风格、有影响的"三有"传播模式,是一则良好的结合校情的新媒体传播案例。微信累计阅读量 84 431 次,点赞量 784 次,获社会大众强烈关注和认同,成了全方位展示和了解交大的重要名片。

还有【《上海交大,青春为祖国歌唱》网络拉歌】,围绕中华人民共和国成立 70 周年、纪念五四运动 100 周年,上海交大在全国高校范围内率先开展"青春为祖国歌唱"网络拉歌活动。上海交通大学 300 余名青年学子和老师齐聚闵行校区仰思坪,用一曲曲动听的歌声,表达着对祖国的热爱,同时向相关高校发起网络拉歌邀约，共谱青春赞歌。所演唱的歌曲包括《上海交通大学校歌》《吾友南洋》《我爱你中国》等，不仅展示了交大的历史底蕴和师生风采，也传递了交大校友的报国情怀。上海交通大学通过官方微信、官方微博及官方短视频平台推出原创视频作品《上海交大，青春为祖国歌唱》（见图 2-3），并联动多所高校发起网络拉歌活动。相关内容得到教育部、共青团中央、人民日报、新华社、央视、上海发布、知名校友、网络大 V 等的广泛关注和转发，在师生和校友中引起强烈反响和广泛好评。

图 2-3　拉歌活动交大现场

二、借时——时时陪伴

以官微新媒体在不同时间节点策划的原创选题，带动社会媒体滚动宣传，关注春节、毕业、迎新、假期、节气等与校园紧密相关的节点，如开学典礼、毕业典礼、新生第一课、校庆等重大活动，通过新媒体平台第一时间向师生校友进行直播和推送，浏览量累计超百万。抓住传统文化、家人情感、环境保护、教书育人等社会痛点，让受众感到官微无时不在、无处不在，形成重要时刻总有交大的关心和陪伴的习惯之感。

1. 抓住重要时刻，准确定位情感共鸣

开学迎新季、毕业季，都是高校学子情感较为集中的时刻。官微每年策划迎新类选题，包括校园咨询介绍、带你逛校园、衣食住行学攻略等，激发新生们对学校的向往；毕业类选题，包括今昔对比、校园记忆、毕业照拍摄等，均能引发学子和社会的共鸣，也是表达对母校情感的一种升华。寒暑假时，学生离校返家，对校园景观和发生的事也很关心，因此，我们抓住节点，在酷暑时策划了高温选题，展示交大人在高温天气里坚守在各自学习和工作岗位的身影，在寒冬时策划了霁雪选题，及时拍摄和分享校园初雪美景等。

2. 讨论共同话题，官微与君时刻陪伴

官微在策划选题时，也会思考一些引发大家讨论的共同话题。如军训时，我们捕捉到了家长对孩子在军训中身体劳累的关心和磨炼意志的骄傲，以一封家书为内容，生动地写出了父母的担忧之情和孩子的成长之意，我们借此推出【交大军训家书火了！妈妈给孩子写信：因为一个人，爱上一座城】，朴实的语言，切切的关心，相通的情感，让家长和孩子们产生了深深的共鸣，这条军训期间的柔软内容，给坚毅刚强的军训氛围增加了一抹温暖。在春节时，我们策划了合家团聚的全家福、家乡菜等选题，还聚焦了全民关注的春节晚会，在时刻相伴中展示交大风采。

3. 新旧融合传播，"痛点"情感永不过时

如在期末考试阶段，以考试答题这种学生最为熟悉的形式，策划的"爱的最后一题"，便是把视角放在在外求学的孩子与家长间沟通减少的问题上，以考题的形式展示孩子与父母间的距离，真正引发大家去思考、去体味父母的不易和亲情的可贵。交大新媒体，365天时时陪伴，无论是盛夏的酷暑，还是寒冬的守岁，我们从不缺席。如【快看！春晚上的交大面孔】，这篇内容是央视春节晚会上交大学子亮相的节目。当大家在与家人团聚、沉浸在浓烈的欢声笑语中时，小编守候在电视机前，拿着手机实时录下交大节目的每个瞬间，生怕错过一秒，最后，经过高效率地处理和编辑，在第一时间推送了这篇内容，让大家回顾交大人在春晚上的风采。正是这种坚守和陪伴，才有了小编和粉丝的相互信任和温暖。

三、借事——借船出海

社会热点往往来得快，散得也快，容易一时间形成广泛刷屏模式。官微新媒体团队也应有善于发现和捕捉热点事件并迅速转化为一条推送内容的能力，如在国之利器飞机、航母、海上探测等科研成果的突破中寻找交大人身影，在"双十一"等网络节日时策划相关内容，更能引起读者兴趣和关注。同时，新媒体团队在日常运营中，也应整理和储备丰富全面的图文素材，以便热点事件发生时可游刃有余地综合发布。

1. 将事件分解，挖掘可发挥之处

对于一个热点事件，不同主体会有不同的关注点和解读点，

可以将一个事件进行分解，从不同的视角切入，挖掘其中可发挥的内容，以及合适高校宣传的内容。转发或跟稿微信大号会千篇一律且价值不高，独辟蹊径又太过苛刻，建议分解完事件后，各高校结合自身新媒体特色和学校风格进行择优选取。

2. 找准着力点，精确定主题

通过第一步的事件分解，我们对其可做的宣传点有了初步了解，接下来是对此事件进行定位，是否涉及舆情、是否正能量、是否适合学校等，高校应及时找准可发力的宣传点，精确定好内容主题，并开始快速地收集、整理、编辑、审核。

3. 日常素材收集整理，追热点有备无患

当一条热点新闻刷屏之后，各高校都在琢磨如何搭上"顺风车"，借事发酵达到传播效果，也体现新媒体"快"的特色。要在短期内做出一条合适高校主体的内容，需要有充足的素材库存。运营者要做到对微信后台所发布内容心中有数，知道学校的哪些故事、事件与此条热点贴合，在日常工作中，也可按主题、时间、人物等将库里的素材进行分类，当有快速消息需要编排时能有备无患。

如【无人超市刷屏？快来看交大这些火爆校园的"无人"科技】。2017年7月9日，杭州无人超市上线的新闻掀起了讨论热潮，大家纷纷对无人超市模式和技术感到好奇和向往。交大小编看到此消息时，便开始收集和整理交大里的"无人设备"，包括食堂自动识别器、图书馆无人借还书系统、机器人刀削面等，在感慨无人超市的同时，也分享给读者，原来在交大，也有这些火爆校园的"无人"科技。

又如【如果给交大先定个小目标,比如……】。2016 年,"小目标"的说法刷爆朋友圈,各行各业,身边的人,都在给自己定个小目标。小编也想借此事"做点文章",如果给交大也先定个小目标,会有哪些呢? 全文从学习、生活、环境、师资、设备、国际化、交通等各个方面,介绍了交大在这些方面的发展现状和未来规划,将各个小目标细分,转化为身边的故事,也成功借得了东风。

再如【和儿子一起考上研究生! 来看 49 岁交大宿管阿姨的开挂之路】,讲述了上海交大留学生公寓前台的原梦园阿姨,在工作之余,连续 3 年旁听交大专业课程,花 700 多天背单词、坚持上网课……2018 年 12 月,母子一起考研,最终一同成功的励志故事。交大获取新闻线索后,基于官方微信公众号等新媒体平台,第一时间进行选题研判,并联系本人采访,结合社会热点元素,凝练励志、草根、逆袭、陪读妈妈、奋斗等硬核爆款属性,策划角度从交大宿管阿姨原梦园的热爱学习、崇尚知识、努力奋斗的大学情怀等出发,在"内容为王"的新媒体时代下,保证选题的新颖与题材的主旋律,达到弘扬正能量,传递"学在交大"的交大学风和良好学习氛围的效果。推文发布 5 小时,阅读量突破 10万+,24 小时阅读数据近 20 万人次,点赞量 2 000 人次,官方微博及官方短视频平台也同时跟进发布。"交大人"的成功事迹让受众获得强烈的归属感,"学在交大"在交大职工身上的生动诠释提升了受众对交大的心理期待。

第 **9** 式　　笔下生花

标题精准亮眼，形式新颖吸睛

一、推送标题——妙笔巧思

推送标题是一篇推文的"门面"，极大程度上决定了读者在看到一篇推送时是否会点开阅读，因此，精心设计推送标题是重要且必要的。如果不能够在第一时间抓住读者的视线，推送就会淹没在同质化内容。小编必须运用多种技巧对正文内容进行提炼和加工，形成优秀的标题，让"门面"更好看。

1. 侧记视角

当一篇推文内容比较常规，或者领域比较聚焦时，可采用"顾左右而言他"的侧记视角思路。如果标题仅平铺直叙地道出事件本身，可能会缩小感兴趣的受众范围，另辟蹊径地制造惊喜往往能收到额外的效果。

如一篇每年的惯例春景选题，最初也拟取"绝美春色，等到了第一朵花开"等平实标题，但突然的灵感触发使小编想到了盖一层面纱来吸引大家，于是定下了"她是颜值担当"这个标题。最终这条常规内容收获了 10 万＋的流量，实属不易，也算是一个典型的案例。

又如一篇新学期健康锻炼内容，标题可直接明了地写【运动小贴士】,但考虑扩大感知范围和趣味性,以及兼顾一些网络语言的表达,最后定为【这是不是你新年第一个小目标?】,并以问句呈现,进一步提升了读者的好奇心和内容的普适性,传播效果也不错。

2. 提炼关键词

在为一篇稿件取标题时,一个十分实用的策略就是从文中提取关键词,即文中最为重要、最能吸引读者、最能概括内容的词语。例如,报道获奖新闻的稿件,往往能从中提取出"金奖""全国""唯一"等关键词,将关键词进行组合,并将人物、事件进行提炼就可以形成一个尚可的推送标题,而其中的关键词则能大大吸引读者的眼球。

如【这项国际竞赛,交大学子斩获金奖!】这篇学子科创比赛获奖报道,内容为"近日,2022年度国际大学生物理竞赛成绩公布,上海交大团队延续往届赛事的亮眼表现,分别摘取1枚金牌、5枚银牌和4枚铜牌"。在标题中模糊了赛事名称,写为国际竞赛,增加了吸引力,并点出金奖成绩,展示硬核度。

又如一些重要考试、选课、放假通知等,也是大家非常关注的话题,在拟定标题时,可以稍微放开范围,写得泛式一些。这样在保障内容传递的基础上兼顾流量传播力,且此标题并无错误,亦无可厚非。

3. 搭乘热点话题

因为新媒体具有时效性高、互动感强等特点,所以一些网络、热点、社会、语言话题,在与内容融合度高的情况下,都可以适当结合参考,搭个草船借箭式的顺风车。

如【开学前，交大学子的科创热情加速"狂飙"】，正文通过图文、视频详细展示了场景情况，标题采用了当时较火的一些影视话题，收获了好评。

又如介绍年度人物实践团的推文【去有风的地方，交大青年用行动守护海上花开！】，考虑到他们研究和服务的环境聚焦大理和洱海，于是正好也参考了当时的热度话题，跟随交大学子的步伐，去感受用科研转化服务西部生态文明建设的成效。

4. 对事件发问

对事件产生好奇是人类的本能，一个疑问式的标题会大大吸引读者的好奇心。比如一个推荐图书的推文，可以使用标题【这些宝藏书籍你都读过吗？】，让读者对于书单列表产生兴趣，促使他们点开推文详读内容。巧用问号产生疑问和矛盾，吸引流量可能会事半功倍。

5. 活用数字和时间

抽象的内容往往会让读者疲倦，而具体的数字会充分给予读者实感，吸引读者阅读。对于抽象的形容，如"本次大赛，我校成果颇丰"，用具体的数据"本次大赛，我校 12 人获奖"代替，会让读者产生阅读推文的兴趣，去看一看具体的获奖信息。除此之外，利用时间的紧迫感也可提高推送的阅读量。例如，报道某个新闻，可以使用"就在今天""刚刚"等词汇；对某个活动做预告，则可使用"就在明天""倒计时 1 天"等，让读者感受到时间带来的额外刺激，促使他们进一步阅读。

如【交大校园人行桥＋1！今天，"交慧桥"正式启用】，用了简单的数字体现，也说明了"今天"这个很具时效的情况，内容的新颖度和吸引力更强。

又如【高考倒计时100天，交大为你加油！】，在高考倒计时100天之际，直接在推文标题点题，既传递了核心信息，也提振了共鸣情绪，后台也有很多受众互动，留言加油。

6. 让标题"活"起来

对于一个典型的文字标题，除了在内容上使用技巧之外，还可以巧用小图标和字体，让一个枯燥的标题生动起来。如发布定制红包封面的推文，可以在标题中加入红包的绘文字（emoji）表情，给读者视觉上的直观感受；发布下雨、下雪等新闻时，可使用相关的特殊符号，为读者营造寒冷的感觉。

如除夕当天，官微坚守陪伴，并结合传统佳节以及平台特色，为大家定制专属红包封面，在标题中加入了图样，增加趣味性。

又如时节变换的暖心选题，用了一些花体字样，视觉上赋予新鲜感，也与内容主题相契合。

二、内容组织——图文融合

一篇成功的推送，往往是图文并茂的，图片的高质量和文字的高质量都必不可少。在确定了推送的选题后，在原始稿件的创作过程中就需要有意识地对文字和图片的数量、篇幅进行设计，方便后续的推送排版。

1. 多文少图

在宣传过程中最常见的一类稿件就是新闻稿。新闻稿主要由标题、导语、主体、结语和背景等部分组成,往往是对事件简洁的描述。这一类稿件内容在组织时要注意挖掘亮点和重点,并将亮点和重点体现在导语和标题等位置。同时,新闻摄影也是新媒体宣传的一大组成部分,除了对现场画面的简单记录之外,新闻照片还应承担讲故事、传递氛围等重要工作。上述这类内容往往为大量的文字辅以相对应的图片,在将这类稿件转化成推送时,可以对标题和导语内容进行修改和精简,转化成更适合新媒体传播的语言,防止严肃的文字阻碍读者进一步阅读。同时,在排版组织上,也要图文穿插、结构清晰简洁,防止大量的文字和图片交织在一起使得版面的视觉效果混乱。

2. 多图少文

除了新闻类稿件之外,在校园公众号平台上也常常可以见到校园风光摄影、校园明信片、线上展览等主题的内容,这些推送会含有大量的高清图片,配上少量的文字。显而易见,这类推送中图片是"主菜",把关好图片质量是重中之重,但仅仅有图片又会显得枯燥乏味,读者可能在划动屏幕时划着划着就没有兴趣看下去了,这个时候,一段精美的诗一样的文字就会起到锦上添花的作用,给读者以呼吸感。因此,在组织多图少文类的内容时,小编要有意识地在合适的段落设计文字,在排版时也以清新感、简洁感为主。

三、推送形式——百花齐放

公众号的推送形式是指公众号运营者推送信息的主要媒介形态,包括纯文本信息、图文结合信息、视频信息、语音信息等;

而图文结合信息也可有普通图文、横版图片、竖版图片、内置视频或音乐等多种形式。目前公众号主要使用的推送方式是图文结合,语音和视频这些媒介形式使用得较少。如何在图文结合信息的框架内选择合适的推送形式,如何开拓传播形式,采用视频、音频来提升用户的新鲜感是本小节讨论的问题。

1. 普通图文结合信息

传统的图文排版方式已经被广大公众号运营群体所使用,是最便捷、最实用的推送方式。由于传统图文推送形式固定,内容的质量就显得尤为重要。优秀的标题、吸引人的封面图片、高质量的文章内容、简洁的排版是传统图文排版的四个要素。做好这四点,推送质量就可以得到极大的保证。

2. 横版或竖版图片

如果把传统图文信息比作米饭,那么在此之上的创新形式就是配菜,米饭固然重要,但如果没有创新,用户就会很容易丧失新鲜感,从而降低对公众号的期待。一种近些年被较多公众号采用的创新形式是横版长图或竖版长图,也就是说将传统的图文混合推送变成全部由图片组成的推送。较为常见的是以手绘的方式讲述一个故事,读者在打开推送时犹如展开了一个画卷,给人身临其境的感觉。

3. 图文内置视频和音频

除了图文之外,推文中还可以适当插入视频和音频信息,例如发布《新闻联播》相关报道,可以将视频直接添加在推送中,给读者一站式的体验;还可以在推送开篇处添加音乐,读者在点开推送时可以直接打开音乐,在音乐的氛围中阅读下面的内容。

4. 纯视频和音频信息

上述所有形式都建立在图文的基础之上，在某些情况下，我们还可以另辟蹊径，选择直接发布纯视频信息或纯音频信息。比如在发布时效性很强的新闻内容时，只需要一个视频就会非常简洁有力。我们还可以尝试只发布音频信息，如晚安语音、主题歌曲等，可以瞬间拉近公众号主体与公众号粉丝的距离，带来满满的新鲜感。

第10式 出奇制胜

注重选题策划,原创助力传播

一、主题内容——用心策划

每一篇原创内容,都是灵感的一时捕捉、风景的多角采集、文字的细腻表达,无论是日常记录,还是节日节点,都需要提前用心策划选题创意和落实内容。同时,在自媒体内容同质化严重的大背景下,策划大众类选题时,应注重将普适的话题与学校的历史、事件、人物相结合,做出独特性和亮点,用交大人的故事,温暖每一个日夜。在策划主题内容时,分享以下几个交大新媒体运营中的技巧。

1. 挖掘红色基因,讲好红色故事

高校或城市的红色景观、英雄人物故事是高校开展红色教育的生动资源。详细讲述历史故事,彰显校园红色基因是此类内容创作的重点。值得注意的是,在发布红色故事等内容时可积极采用新颖的宣传形式,如手绘、海报、视频、H5互动形式的多媒体页面等,以生动且直观的内容吸引读者阅读,身临其境地感受英雄文化。

如【今日上线! ▄▄■■听,带你感受一个"声"动的交大!】,用一部独特的原创剧目,带领读者漫步交大悠久校园,重温红色记忆,赓续红色血脉,在身临其境的声效和音乐设计中,开启一场别出心裁的校史探秘之旅,老校门、老图书馆、中院、工程馆、史穆烈士墓、百年校庆里程碑……《循声探秘·声动交大》沉浸式校史广播剧广受好评。

又如【永远跟党走! 今天,交大第一个党团支部纪念碑落成!】,报道了上海交通大学第一个党团支部纪念碑落成仪式。《解放日报》同步专版聚焦交大"百年学府第一个党团支部怎样诞生"。相关推文激励交大学子从党的百年伟大奋斗历程中,汲取继续前进的智慧和力量,感悟革命先辈和交大楷模的初心与使命,成了一场生动的大思政课。

2. 结合校史资料,发布史类选题

校史类资料是各高校一笔珍贵的财富,涵盖了建校至今的史实资料、人物档案、政策文字、时代物件等。对于校史类内容在新媒体平台上的发布,我们遵循的原则是:我们不说话,让历史说话。在挖掘此类素材时,首先要保证资料的权威、正确和完整,同时注重结合相应的节点和纪念日,这样更能引起读者的共鸣,也可结合社会事件,及时整理分享学校合适的人和事。

如【40件珍档,见证交大 77、78 级学子毕业芳华 40 年!】。在 77、78 级校友毕业 40 周年之际,上海交大档案文博管理中心撷取部分反映当年校园学习、生活的档案史料,以飨师生校友,纪念这一重要的历史时刻。这一批跨越漫长岁月但保存完整的实物资料,饱含了时代骄子众多仰望星空的梦想,记录了那段在交大奋发图强的美好时光。

又如【缅怀|这一抹交大红，是他们生命的颜色】。上海交大档案馆提供了馆藏的珍贵档案文献和照片，重温交大人的红色记忆，缅怀先辈英烈，光大民族英魂，牢记历史使命，强化责任担当。

3. 用心讲好故事，以情打动读者

我们都有个共同的名字叫小编，交大新媒体，365 天更新，每一条内容，不只是简单的信息分享，更是温暖的故事讲述。虽然一条推送在读者的指尖滑动中只有短短的几秒，但背后却经历了长长的过程，从讨论策划到摄影采编、后期处理，再到编辑排版、审核定稿，每个环节我们都用心完成。在策划主题选题时，更应讲好故事，以情打动读者。

如【20 年前的全家福！交大人光阴的故事】。春节期间，在外求学、打拼的游子回到家乡，与家人团聚，由于聚少离多，家人们平常的交流变成了简单的电话或微信视频。春节团聚，是谈心的好时光，此时，拍一张全家福，可记录美好笑容，定格永恒幸福。于是，我们策划了这期全家福故事，泛黄的纸片，沉淀着爱的幸福，记录着光阴的故事，激发了人们的共鸣，也呼吁大家多陪伴家人，多与家人微笑合影。

4. 打破同质困局，策划原创选题

在自媒体迅速发展的大背景下，大家面临着一个共同问题，就是内容同质化严重，创意被不断借鉴模仿，内容也缺乏特色新意。高校新媒体土壤充满活力、青春，师生团队思维也很活跃，是有能力策划出具有品牌和特色的校园原创内容的。在主题策划部分，也应保持原创选题的质量和频率。

如【5·20告白｜交大的爱情很慢，一生只够爱一人】。每一年的5月20日，谐音"我爱你"，慢慢成了校园里大家公认的一个告白之日。作为官微，要如何体现交大人的爱情、交大人的告白，是一个有意思的问题，于是我们策划了这期故事。交大的爱情很慢，一生只够爱一人，愿我如星君如月，夜夜流光相皎洁。他们是大师，更有平凡挚爱，交大人的爱情，热烈、纯洁、美好，有岁月为证，有时光荡涤，这浅浅淡淡的爱，是为永恒。

二、榜单发布——扩大影响

目前，国际较认可且权威的学校、学科排名系统包括ESI中国大学综合排名、QS世界大学排名、软科世界大学学术排名等，教育部也会定期盘点每年的专利数量、论文数量、重大科研项目数量等排名。通过分享此类信息，可吸引社会对学校相关发展情况的关注并扩大学校对社会的影响力。关于榜单发布的方法、关注点、时间性等，有以下几点需要注意。

1. 实时关注

官微团队应关注发布相关信息的官方网站和公众号，以及业内专注于发布榜单排名和科研数据的微信大号，保证第一时间接收到更新的内容。在团队中，也可有专门的成员负责此部分工作，以保证数据的及时性、全面性和专业性。

2. 及时整理

按照每一年的惯例，大部分数据榜和排行榜的发布都会控制在同一时间段，因此在日常工作中，要及时记录和整理这些时间段，提前进行信息采集布控。同时，官方发布完整资料之后，要及时摘录与各自学校相关的部分，整理出今年亮点、与往年差异的纵向比较以及与同类高校间的横向比较。

3. 控时周期

官微作为综合信息的发布平台，有义务分享此类咨询。一方面，排行榜通常较为全面和权威，涵盖了全国各高校、研究单位的数据，而读者很难一时解读清晰，因此，官微团队通过整理和发布，将学校相关情况进行梳理，让读者接收信息更方便，能尽快查阅到目标信息；另一方面，也应控制此榜单类的发布周期，切忌短期内连续推送，以免让读者产生数据和阅读疲劳，也会影响公众号内容的丰富度。

如【上海交大船舶与海洋工程排名世界第一，34 个学科进入世界一流学科榜单！快来看看你的专业】。目前，世界上较为公认的排名系统之一"软科"发布了"软科世界一流学科排名"，交大 34 个学科上榜，表现抢眼。发布这类学科排名，既增加了大众对交大各学科水平的了解，也从侧面通过专业评价标准评估学科实力，为学科进步找到方向。

如【挺进 ESI 前万分之一！交大有个宝藏硬核学科】，用长图数说的形式走近交大材料科学与工程学科，详细展示其硬核前沿科研、服务产教融合、扎实育人成果等内容。同时介绍了其成为继"工程学"之后，交大第二个 ESI 前万分之一学科，充分显示了学校不断提升的国际水平和影响力。小编及时从官网上整理出了相关数据，便于读者更简明清晰地了解交大的情况，也对整个榜单数据有全面的掌握。

三、校友力量——社会认知

高校新媒体,也承担着陈述校史、展现校情、凝聚校友的作用。历经百年沉淀,学校培养出了众多政界领袖、商界巨子、科技精英、文化大师等,他们扎根祖国大地,在各自领域耕耘并做出贡献,他们的每一次成长和每一份成果,也是母校的骄傲和名片。传播校友力量、注重人才追踪、扩大社会认知,也是学校凝聚校友的方法和必要途径。在传播校友故事时,有以下几点感想与读者分享。

1. 关注校友的领域需广泛

在广泛的科技、政治、经济、文化等各个领域,均有学校相关的前沿人才,高校新媒体团队应有意识地去整理和关注各领域人才中的校友名单,以及各领域中含金量较高的奖励或者荣誉,根据影响力和传播度判断该条校友信息是否适合在官微上宣传。这样既能展示学校人才培养体系,也能增加社会对学校更全面和直观的了解,更能凝聚校友的归属感和自豪感。

2. 与学校校友会、档案馆密切联动

现在大部分高校都建立了校内新媒体矩阵联盟,同一学校各院系、部处、单位、研究机构、学生社团等互动发声。在这个良好的环境和平台中,发布信息也应注重与相关单位进行联动,以专业的角度处理每条专业的内容。在发布校友内容时,及时与学校校友会沟通,确认审核资料信息,也应与档案馆沟通,查阅留存学校的档案记录和校园故事,目的是保证素材和信息准确,让整条内容丰富、生动,全面展示所发布校友的形象。

3. 及时捕捉事件并基于热点策划编辑内容

在自媒体发展多样化的时代，内容同质化十分严重，往往一个事件会成为各大公众号的共同的关注热点，这时候高校应及时转换角度和切入视角，捕捉热点事件中与学校相关的人和事，与前一计"借事"有异曲同工之妙。在了解到重要事件中出现的校友后，下一步便是基于热点策划和编辑内容，一方面是日常素材的积累，另一方面便是充分利用校内新媒体联盟的力量。

如【演讲视频来了|习近平总书记为他拉开椅子，这位交大校友，得到最高礼遇！】。在 2017 年全国精神文明建设表彰大会上，《新闻联播》中播放的一个画面细节引起了全国人民的关注和点赞——习近平总书记为 93 岁的交大校友黄旭华院士拉开椅子，并一再邀请他坐到自己身边，这是对共和国老一辈科学家和建设脊梁一份的关怀和尊重。小编捕捉到了这个细节，及时从直播画面中截取并制作动图和视频，挖掘黄旭华院士的成长故事，完整演绎和呈现了这个生动的事迹，内容一推出，便引起全国粉丝的支持，纷纷给习近平总书记的这个行为点赞，也向黄院士表达了尊敬和祝福，阅读量超过 20 万人次。这类基于交大校友事迹、引发全社会讨论的话题，是一种强大的展示新媒体育人平台和传播价值的力量。

又如【新型驱逐舰首舰下水，交大 1982 届校友徐青任总设计师！交大力量，祖国骄傲！】。中国海军新型万吨级驱逐舰首舰下水仪式圆满完成，当大家都在为祖国自豪、为中国海军点赞时，上海交大新媒体团队捕捉到更让人激动和骄傲的一点——

上海交通大学 1982 届校友徐青任该舰总设计师！这篇文章介绍了新型驱逐舰的综合性能等时事内容，此外还重点聚焦介绍了校友徐青的求学发展经历，以及在上海交大求学期间的故事。借此事件，文章最后简要盘点了国家船舶及海洋工程领域，类似的"中国骄傲"中上海交大人的身影。及时捕捉重点事件、挖掘校友故事，内容丰富全面，是此类推送较好的参考案例。

第11式　聚沙成塔

形成系列板块，整合分散流量

一、主题系列——版块生动

高校新媒体内容以图文视频为主，主要聚焦在以下几个方面，包括要闻资讯、校园故事、典型人物、互动交流、技术服务等。不论是选题类型、范围，还是受众属性，我们都力求多样性和覆盖性。如要闻资讯相关内容应提供及时的校园新闻报道和重要通知，确保师生及时了解校园动态。校园故事内容则聚焦于学校内外的有趣故事和特色活动，展现校园生活的多彩面貌。典型人物故事则通过深入报道学校的杰出学生和教职员工，让更多人了解他们的成就和经验。然而，如果只是单一而零散地对各类别的内容进行报道，难以形成宣传合力，导致读者的注意力被分散，从而降低宣传效果。为了克服单一而零散报道内容的问题，我们可以着力打造主题系列推送，利用标签化、品牌化的效应迭代传播，强化宣传效果，并采取一系列后续策略来形成更强大的宣传合力，提高读者的关注度。

1. 标签化同类别内容

在高校推文中，常会出现主题一致的大量内容，这时可以巧用图文和视频的标签功能，打造主题推送或主题视频。例如，高校毕业季会发布大量介绍优秀毕业生事迹的推文，这时可以创建"♯毕业生"标签以及对应的推文合集，并对相关推文的封面和内部图片进行统一的平面设计，形成毕业生品牌系列推文，这将会给读者更加深刻的印象，形成宣传聚力。

2. 注重主题性和故事性

在统筹系列推送时，不仅仅是简单地报道该类别的信息，我们还将以故事为核心，通过生动有趣的叙述和精心挑选的素材，将有细节差异化的内容融入一个共同的主题中，这样可以增加读者的参与感和共鸣，提高内容的吸引力和影响力。

3. 加强多媒体融合的运用

除了图文报道外，还可以进一步扩展多媒体形式，包括视频、音频等，利用同主题多媒体内容来丰富呈现方式。通过运用不同媒体形式，我们可以更好地满足读者的多样化需求，提供更具吸引力和互动性的内容体验。

如【教书育人系列】。作为交大最高奖项之一，"教书育人奖"备受关注，意义重大。为更好营造立德树人、学在交大的良好氛围，官微以"1＋N"的方式策划主题系列宣传。近百篇推文既涵盖以表彰大会为主的精神宣扬，也包括优秀获奖教师言传身教的先进事迹。系列推送依托教书育人奖、表彰大会，及时把握，积极宣传，弘扬校园正能量。获奖典型教师推送深入挖掘获奖教师的科研教学成果、教学方法特色、师生相处、学生感悟故事等细节，感染受众，拉近距离，展现真实、立体、生动的优秀教师风貌，营造立德树人、学在交大的良好氛围，助力形成以教书育人为崇高追求的交大价值共识。通过有意识、有设计的策划,教书育人奖系列内容在官方微信、官方微博同步推送,累计阅读量超百万人次,点赞量超 10 000 人次,引发师生强烈共鸣(见图 2 - 4)。

图 2 - 4　主题视频截图

二、高校系列——多维联动

要进一步提升高校新媒体宣传的效果和影响力,我们还可以采取多维联动的策略,通过高校与高校之间的合作,增加内容的连贯性和深度,同时提供更丰富的读者体验。高校可以采用图文接力、视频接力、共创同一篇推文等形式实现联动合作,全方位提升相关内容的影响力。

1. 不同平台深度联动

除了在各高校微信平台上发布系列化内容外,还可以利用其他社交媒体平台、高校官网等渠道进行宣传推广。通过在多个高校、多个平台上同时发布相关内容,可以积极地扩大相关内容的覆盖范围,吸引更多读者的关注和参与。

2. 整合多平台内容

开展跨校宣传交流活动,在指定的宣传主题下,广泛收集来自不同高校的校园故事和实践经验,整合各高校丰富的素材,形成单个或一系列的宣传产品。通过整合多个高校的内容,我们将为读者提供更全面、更多元化的高校新媒体体验。我们还将持续发现和展示各校的优势和特色,促进高校之间的合作与交流,为读者带来更丰富、更有价值的内容。

如【今日立春,开往春天的"列车"启程|高校里的二十四节气】。微言教育策划推出"高校里的二十四节气"专栏,联动各大高校带读者领略时间流转里的高校之美。走过春花遍布的校园小径,用相机将美景定格,或是将这份浪漫的小欢喜写进日记随笔,写成一首闲趣小诗。上海交通大学带读者乘坐开往春天的"列车",一起去感受蓬勃的朝气。

三、品牌系列——传递价值

打造高校品牌系列推送,有助于突出高校的独特魅力和优势,提升高校的品牌价值和知名度。与高校之间的联动传播和高校内特定时间段的迭代宣传方式不同,高校的品牌系列推送可以是长时间跨度的推文作品,具有更精准的品牌定位和更大的宣传效应。

1. 全面的品牌定位和策划

通过深入研究高校的历史、发展方向和核心价值观,我们在策划相关品牌内容时应当明确高校的品牌定位和形象特点,这将有助于我们准确定位推送内容,突出高校的独特性和特色,形成鲜明的品牌形象。

2. 适当的媒体渠道精准推送

根据目标受众的特点和偏好,我们需要选择和联动合适的媒体平台,如官方网站、社交媒体平台、电视台、主流媒体等,进行品牌系列推送。这样可以将品牌信息传递给更广泛的受众,提高品牌的曝光度和认知度。

3. 关注重要节点

如在校庆节点,上海交通大学会联动新华网共同推出【这就是,上海交大!】。双平台联合推出,宣传成效显著。该推文已经成为展现交大形象的一个重要的品牌案例。

4. 注重内容的创新和精细化

在品牌系列推送中,我们应当提供高质量的内容,注重形式和内容的创新。在内容上,品牌推送应涵盖高校的各个方面,如学术成果、校友故事、社会贡献等;在形式上,可以广泛利用H5、小程序等新形式,通过精心策划和编辑,打造有吸引力、有深度的内容,以吸引读者的关注并传递高校的价值。

5. 加强读者的互动和参与

通过开展互动投票、有奖评论、观点征集等活动,鼓励读者参与品牌系列推送,分享他们对该推送的认知和意见,这将有助于增强读者对高校品牌的认同感和归属感,进一步提升品牌的影响力和口碑。通过打造高校品牌系列推送并联动读者互动,我们将全面展示高校的优势和特色,提升高校的品牌价值和知名度。

第12式　推陈出新

面向读者需求，创意赋能推广

一、宣传内核——核心要素与价值观

充分挖掘高校宣传内核是高校新媒体产品产出与推广的重要基础。在宣传的各个环节都应深入研究和了解高校组织或品牌的核心价值观、使命和愿景，并将这些内在因素外化到宣传产品中，准确而清晰地传达给受众。挖掘高校组织和品牌的独特之处和优势有利于确定自身的差异化特点，并将其转化为宣传的亮点和卖点，进一步吸引读者的兴趣，增加宣传的吸引力和影响力。

1. 学术优势

高校作为教书育人的重要场所，其宣传内容通常包括学术方面的优势，如教学质量、研究实力、学科专长等。高校可报道学术成绩、学科排名，讲述学院发展故事等，这可以突出高校在知识和学术领域的领先地位，吸引学术界和学生的关注。

2. 师资力量

高校的宣传也应着重强调教职员工的素质和能力。具备卓越的师资力量意味着高校可以提供优质的教育和指导，吸引更多学生选择该校。除了报道学校教师个人所取得的成绩之外，

关注教师群体成绩、关注青年教师成长历程将更有利于促进师生之间的情感互动，产出真正有温度的作品。

3. 研究成果

高校宣传还可突出展现研究领域的突破和成果，如《自然》（Nature）、《科学》（Science）等杂志发表的重要成果是学校最好的宣传招牌。高校作为知识创造和创新的中心，可以通过展示研究项目、发表论文、获得专利等方式，展示其在科学研究方面的优势和贡献。

如【交大 Nature 发文，在 DNA 计算领域取得重要进展】，报道了上海交通大学化学化工学院／变革性分子前沿科学中心发展了一种支持通用性数字计算的 DNA 可编程门阵列，该成果发表于《自然》杂志。推文及时有深度的报道充分向社会大众展现了交大智慧和交大力量。

4. 社会影响力

高校新媒体宣传不是闭门造车，要充分考虑其在社会中的积极影响和社会责任。通过强调高校与社会的互动、社区服务、公益项目等，突出高校对社会的贡献和影响力。除此之外，量化的招生季和毕业季宣传也有助于建立高校与公众之间的联结。

5. 文化传承与创新

我们还需强调学校历史和传统文化的传承，以及在文化创新方面的努力，这可以展示高校独特的文化氛围和学术氛围，吸引学生重视文化底蕴和创新精神。挖掘高校历史，可以充分展示学校的社会责任和社会影响力，加强与社会的互动和合作，促进学校与社会的良性互动。

6. 全球视野与国际化

在全球化的视野当中，高校需充分考虑其国际化程度、与国际合作伙伴的合作关系。例如，关注国际巡展和教育展会、学术合作与交流项目等重要事件，建立起国际校友宣传网络，向国际学生、学者和教育合作伙伴传达高校的特色和优势，并吸引国际受众的关注和参与。

7. 学生培养与发展

高校宣传要关注学生的培养和发展。在宣传内容中强调个性化教育、学生组织、实践机会和创业支持，突出高校为学生提供全面发展的平台和机会。通过新媒体宣传，向学生提供职业发展的指导和支持，帮助他们更好地准备就业和规划未来职业发展。

二、创意输出——打造专属名片

高校新媒体宣传的创意从自身来，也从社会热点中来。为了输出有高校自身特色的内容，高校新媒体可以专注打造出其独特的专属高校"名片"，树立起专业、有影响力的社会形象，吸引更多的学生和社会公众关注。

1. 巧用专属记忆

学校的特色地标和特色事件是其区别于其他高校的重要个性。新媒体小编需要巧用这些专属记忆，与广大师生、校友、社会建立紧密的情感联结。此外，要明确高校新媒体的定位和品牌形象，确定传达的核心价值和特点。这些举措有助于塑造高校公众平台独特的个性和风格，考虑学校的特色、文化和理念，以及目标受众的需求和喜好，构建一个独特而具有吸引力的校园品牌形象。

如【正式揭牌！交大"光启"天文台，带你看浪漫又硬核的星月神话～】，介绍了交大新地标"光启"天文台正式揭牌启用。"光启"有着继往开来的深远意义，在纪念我国明代天文先驱徐光启的同时，激励交大学子探索自然、追求真理的热情。

2. 有策略的内容输出

有策略的内容输出指的是制定清晰的内容生产策略，确定发布的内容类型、频率和形式。内容可以围绕学校的核心领域和特点展开，包括学术研究成果、学生活动、校园文化、就业指导等。同时，要关注热点话题和时事新闻，以及与学生和社会相关的关键问题，确保内容具有吸引力、实用性和分享性。

3. 创意和视觉设计

高校新媒体平台要努力输出精品内容，其中一个重要的环节就是注重创意和视觉设计。高校新媒体的内容需要在视觉上具有吸引力，包括使用高质量的图片、图表、视频等元素，采用统一的视觉风格和配色方案，确保内容呈现出专业、美观的形象。此外，还可以考虑制作学校专属、重要节日或活动专属的 Logo 和标识，以增强品牌的辨识度。

4. 高校社群维护

组建专门的社群管理团队，负责新媒体社群的运营和维护工作。鼓励粉丝的互动与参与，建立起与受众的良好互动关系。通过回复评论、私信和问题，开展问答活动、投票调查等互动形式，积极回应学生和社会公众的需求和反馈。此外，与学生组织、校园社团等建立合作关系，促进他们在高校新媒体内容创作的参与和贡献。

5. 联动平台与社会力量

将高校新媒体的内容在多个平台上进行传播，如微博、微信公众号、抖音等。针对不同平台的特点和用户特点，进行内容适配和定制，确保传播效果最大化。同时，要保持一致的品牌形象和风格，使不同平台上的内容相互关联和衔接。联动官媒、企业等，定期联合策划内容，让创意从社会中来，传播到社会中去。

如【交大来了】主题推文，与新华网联合策划，注重原创，从交大本身故事出发创作，以"精准"的内容突出交大特色和风貌，打造不能被迅速复制的交大内容。巧妙运用"拖鞋门""地铁站"等"交大梗"，也深度挖掘百年交大中以"钱学森""黄旭华"等优秀校友为代表所展示的严谨学风、爱国情怀，凝聚情感共鸣，引发网友高关注。新华网头条首发，24小时达到60余万人阅读量，近5000人点赞，近1000人留言评论。官方微信同步推送，24小时达到7万多次阅读量，1000多人点赞，500余人留言评论。

又如【"在交大，去哪里吃饭？"】，学生记者团南洋通讯社从学生视角用生动的摄影作品和文字讲述了交大人和美食的故事。东湖面馆、新疆餐厅、热腾腾的鱼粉，读者纷纷留言"真的是令人羡慕的生活哇""一定要在2024年的冬天亲自去尝尝！"等。

三、深度推广——扩大内容影响力

除了生产新颖、优质的内容，合适的推广方式和策略也是宣传链条的重要环节。在信息化时代，"酒香也怕巷子深"，把握好内容生产和推广的节奏才能在信息的海洋中突出重围。

1. 优化各平台账号资料

确保公众号等平台账号的资料完整、准确，并且与高校品牌形象一致。包括设置清晰的公众号名称、简介、头像和封面图片等，以吸引用户的注意。除此之外，还可以考虑打造某个平台账号的"性格"，如活泼爱"吃瓜"的形象等，有利于拉近与同学们之间的距离。

2. 引入校园名人和专家资源

邀请校园名人、专家或知名校友等撰写或分享相关内容，增加公众号的权威性和吸引力。这些名人和专家可以提供独特的观点、经验和见解，吸引更多的关注和订阅。同时，借用第三方之口也有助于树立良好的校园品牌形象。

3. 关键词和标签优化

前文中已提到，在公众号文章或推文中要善于使用相关的关键词和标签。除了建立体系化的内容结构之外，标签还有助于提高搜索引擎的排名和曝光度。通过合理的关键词和标签的运用，让更多的用户能够找到和关注公众号。

4. 合作宣传

这里的合作宣传指的是与其他高校、机构、媒体或社团合作，进行跨平台的宣传和推广。可以联动策划、互相分享和转发对方的内容,共同扩大受众和影响力。通过与其他高校、机构、媒体或社团的合作宣传,高校微信公众号平台可以整合资源,实现宣传效果的互利共赢。这种跨界合作的模式可以提升公众号的知名度、用户参与度和影响力,进一步推动高校品牌的传播与发展。

5. 口碑推广

这里的口碑推广指的是鼓励公众号用户等在朋友圈、微信群等社交媒体平台上分享公众号的内容,形成良好的口碑传播效应。即通过提供有价值的内容和良好的用户体验,激发用户的口碑推荐和分享,吸引更多的用户关注高校内容。

6. 数据分析和优化

这里的数据分析和优化指的是定期进行新媒体平台数据分析,如阅读量、收藏数、点赞数等,了解用户的喜好、订阅行为和互动数据。根据数据的反馈和趋势,优化推广策略和方式,调整内容的方向和形式,以更好地满足用户需求,提升宣传效果。

如【交大人,真的很有戏!】,介绍了上海交大首届"李叔同杯"校园戏剧大赛。传承交大血脉,续写《积厚流光》,交大人的戏剧盛宴惊艳亮相。大赛特邀女高音歌唱家、国家一级导演、上海话剧艺术中心国家一级演员等参与评委工作,打造成了一堂给文艺爱好者的艺术教育实践课。

3

技 术 篇

JISHU PIAN

日新月异促研发

尝试攻坚硬实力

第13式 顺势引流

用好菜单栏目，探索涨粉技巧

将原创作品建设思路运用到实践中时，具体战术包括内容、品牌和技术。首先，内容为王，任何优质作品始终以内容的创意、质量和寓意为主，才能在短频快的节奏中沉淀，才能在众多高校和社会公众号中引领前沿。其次，品牌为核心竞争力，官微应形成一套独特的语言风格、排版技巧、时效节奏等规则，拥有亮点和独创的品牌栏目，才能拥有核心竞争力。最后，技术为后期突破点，随着新媒体的快速发展，除了传统的图片、文字、视频、语音等展现形式外，应结合 H5、短视频、小程序、flash 动画、VR、延时摄影等形式，并探索和解锁更多新技术，以最快的速度适应和驾驭新媒体新时代。强大的粉丝基数和关联度高的黏性，为内容传播提供了养分环境和流量保障，下面着重介绍几个实用的涨粉技巧和服务功能。

一、微信自定义菜单和后台微社区

微信除了图文语音视频推送功能之外，还有许多可开发接入的后台功能。利用第三方管理平台，基于微信的移动化应用，通过设置微信自定义菜单，结合公众号品牌定位和需求，提供强化用户互动的掌上解决方案。

上海交通大学微信公众号后台微社区,共设置了三个页面版块(见图 3-1)。跳转进入学校官方网站客户端版本,了解最新最全新闻的[交大新闻];进校填报直通入口[校外访客];涵盖校园详细的学习类、生活类、交通类信息的[微主页]。该页面为公众号账号展示的一级主页面,用户进入后可直观查看,且三个条目兼具了新闻性、实用性、服务性,同时页面设计简洁美观,操作便利,为用户关注引流和稳步涨粉提供了条件。

其中,[微主页]界面(见图 3-2),涵盖了校园类大部分资讯网站,包括本科生招生、研究生招生、校友交流、后勤服务、图书馆信息查询等,都是校内外师生人员密切关注的板块,同时动

图 3-1 菜单栏条目　　　　图 3-2 微主页界面

态更新调整，结合需求添加更多接口。通过公众号进入微主页，是完善校内一站式服务的尝试，为师生、校友、公众的学习生活提供了便利。

其中，[校外访客]界面（见图3-3），所关联的是学校动态管理下最新的方案，可直接进入信息说明和填报系统。开放式的校园也需要大家共同的用心维护，区校社会协同书写和谐美好故事。

其中，[交大新闻]界面（见图3-4），可直接跳转至交大官方主页移动端版，直观一览最权威及时的校内各类新闻、通告、学术类资讯。

图3-3　[校外访客]界面　　　　图3-4　[交大新闻]界面

通过微信公众号自定义菜单和后台微社区功能,丰富了微信除推送内容外的其他作用,加强了移动端的交互体验感,引导了掌上解决校园问题的智能发展方向。

二、涨粉方法和技巧

2023年第一季度微信及WeChat月活跃用户数是13.19亿,这么庞大的数字,无论是哪一个新媒体人都想在这里分一杯羹,而任何内容推广的传播,都是建立在有庞大的粉丝基础上才能完成的。基于此,新媒体运营者们想得最多的还是"涨粉",以下几个涨粉经验与大家探讨。

1. 明确公众号的定位,保持推送更新规则

高校官方公众号,不同于校内其他社团公众号,仅专注学术、学生生活、美食、奖助学金等单方面内容,也不同于社会公知大号,需实时更新追踪重大事件,而是定位于服务广大在校师生、社会校友和关注交大者的一个传播资讯、分享发展、凝聚力量的综合平台。推送频率和时间也应尽量固定,如每天的固定时间段推送,而不是随机的、每日变化的,从而培养读者产生阅读期待感和习惯性。

2. 内容是核心,标题见功夫

优化公众号内容:提供有价值、高质量、有特色的内容,吸引用户关注并留存。读者关注和愿意打开一条推送的时间大约为0.1秒,如何在短时间内吸引读者点开查看正文内容,还要靠对标题的打磨。一条推送,我们通常会结合正文内容、当下热点、传播度等准备约10个标题,再从中筛选,同时,要把自

己从"微信发布者"的枷锁中跳出，以读者的心态审视所定的标题，问自己：如果用户在手机上看到这个标题，有兴趣点开看吗？另外，也要学会以目标读者兴趣为切入点将硬新闻软处理。

3. 规范格式，形成排版风格

简单地说，格式统一即是美，在字号、小标题、段落、图片、颜色等方面都应协调选择，并尽量长期使用、保持一致。同时，排版也应形成各自公众号自己的风格，是清新简约、多彩灿烂，还是复古大气，图文是撑满屏幕，还是适当留白缩进，可根据读者的后台反馈进行尝试和修改，并确定一种大家接受的形式长期使用。

4. 增强互动，以线上线下活动形式增加粉丝量

通过互动营销活动，如抽奖、问答、投票等，吸引用户参与，提高用户黏性。最常见的一种涨粉方式，即发布一则活动内容，需参与者邀请其他好友专注公众号，然后集赞或投票，这种方式较为简单有效，但已逐渐被用户排斥和反感，新增的粉丝也多是短期存留，很快便取消关注，因此还是需要针对受众感兴趣的内容策划涨粉活动。

5. 场景关联

充分运用学校的场馆资源，结合校园管理办法，将进校填报、内容查询、后勤服务等业务嫁接到官微入口，通过线下导流、线上支撑的方式，实现关联人群的精准关注和广大受众的社会辐射。如在场馆介绍册、招生图册中印发官微二维码，在校门口和开学迎新、校友返校等场地摆放互动 KT 板并引导扫码关注

等,增加地推的实效性。与其他公众号、社交媒体账号互动,或通过微信群推广提高曝光率和关注度。

如春节期间,结合抢红包的喜庆习俗,推出【快来抢!上海交大红包大派送!】。通过输入与交大相关的口令,领取不同元素的"红包",虽然不是真的发放现金,但是以此方式分享祝福、传递欢乐,还是吸引了众多师生和校友关注、参与和分享。

又如【交大福利｜你的"花心",爸妈老师知道吗?】。在教师节、中秋节来临之际,官微组织了一场线上互动活动,邀请粉丝参与上海交通大学官方微博、官方微信开展的感恩公益活动"花语心愿",通过留言、转发、分享,抽取粉丝给父母寄送鲜花和祝福语,此场活动辐射较广,参与形式简便,也是增长粉丝的良好案例。

再如【过年了!@全球交大人,新春上联已出,请对下联】。在新春佳节之际,通过视觉设计、技术开发、互动传播,输入口令领取交大专属祝福春联,传递传统节日的美好祝愿(见图3-5)。

相关推文节点契合、形式活泼、内容生动、交互趣味,既介绍了优秀传统文化,同时也营造了良好氛围,阅读量很高。

需要注意的是,以上方法并不是每个公众号都适用,需要根据公众号的特点和目标用户来选择合适的方法和渠道。同时,需要遵守微信公众号平台的规定,不得使用虚假信息、违法内容等进行推广。

图 3-5 口令春联

第**14**式　**数据先锋**

技术统计助力，指导内容供给

一、后台数据分析统计

微信公众号和新浪微博后台页面中，提供了一些简单的分析功能，如用户分析、图文分析、菜单分析、消息分析、接口分析和网页分析等。通过查看对比这些数据，可直观地了解推送内容的各项反馈情况。微信公众号运营者应定期以此作为参考，进行分析和解读。

如"用户分析"功能，除了显示笼统的累计关注总人数以外，后台还会直接显示每日的新关注人数、取消关注人数和净关注人数，并与前一日、前一周、前一月的数据进行纵向对比。另外，后台还绘出关注人数趋势图，通过曲线变化，更直观地反映相关信息。运营者可分析趋势，查看当天推送内容，以总结当日粉丝数增加较多的原因。如图3-6所示，后台详细地统计了每篇内容的阅读量、点赞量，图3-7显示了阅读来源分布，即是来自公众号会话框还是好友转发、朋友圈等形式，图3-8显示了用户地区分布等，全方位对一条内容进行分解，让运营者对此的传播效应有更详细的把握，以便指导今后内容的策划。

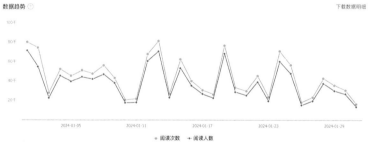

阅读(次) 　　　　　　分享(次) ⑦　　　　　　完成阅读(次) ⑦

92,050　　　　　**2,159**　　　　　**21,424**

日 ↑256.66%　　　日 ↑180.03%　　　日 ↑123.35%
周 ↑486.79%　　　周 ↑652.26%　　　周 ↑277.18%
月 ↑30.17%　　　　月 ↓31.18%　　　　月 ↓14.11%

流量分析

数据指标	阅读	分享	跳转阅读原文	微信收藏	发表篇数			
传播来源	全部	公众号消息	聊天会话	朋友圈	朋友在看	推荐	搜一搜	公众号主页	其它
数据时间	日趋势 ∨	2024-01-01 至 2024-01-31 🗓						

数据趋势 ⑦　　　　　　　　　　　　　　　　　　　　　　　　下载数据明细

渠道构成

更多（点击展开详情）910人 3.9%
视频号 449人 1.92%
视频号直播 2人 0.01%
文章页关注 1476人 6.33%
扫描二维码 1025人 4.39%

新增关注
2.3万人

搜一搜 19467人 83.45%

● 搜一搜　● 扫描二维码　● 文章页关注　● 视频号直播　● 视频号　● 更多

图 3-6　新增关注渠道构成

渠道构成

更多（点击展开详情）83545次 9.68%

朋友圈 168922次 19.58%

总次数
86.3万次

公众号会话 524520次 60.79%

聊天会话 85810次 9.95%

● 公众号会话　● 聊天会话　● 朋友圈　● 更多

图 3-7　阅读来源分布

地域	用户数	占比
上海	565,765	35.98%
江苏省	146,990	9.35%
浙江省	107,526	6.84%
广东省	99,410	6.32%
山东省	72,525	4.61%
河南省	55,391	3.52%
北京	49,284	3.13%

图 3-8　用户地区分布

如菜单分析（见图 3-9 至图 3-11），后台统计出各菜单在某段时间范围内的点击次数、点击人数、人均点击次数，并绘出

昨日关键指标

菜单点击次数	菜单点击人数	人均点击次数
3437	2564	1.34
日　↑101.6%	日　↑88.1%	日　↑7.2%
周　↑248.6%	周　↑225.4%	周　↑7.1%
月　↑318.1%	月　↑317.6%	月　↑0.1%

图 3-9　菜单点击分布

转化率

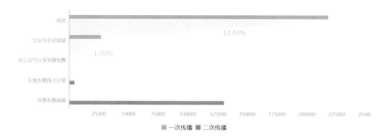

图 3-10 转化率

图 3-11 微博阅读日报

各菜单点击次数趋势图(见图 3-12)。运营者可直观地看到各菜单内容在用户体验中的需求程度和点击频次，并根据此结果调整或修改菜单服务内容。

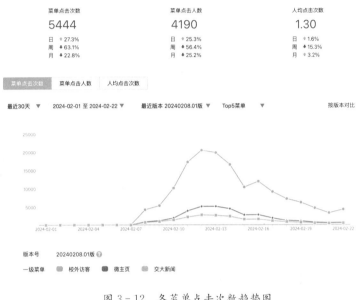

图 3-12　各菜单点击次数趋势图

二、大数据实验室

与后台数据分析统计有类似之处,即通过微信公众号页面提取相关数据资料,同时也要利用其他各渠道传回的数据进行统筹分析,如一条选题最直观的阅读量、点赞量、阅读量增长速度,以及留言中粉丝的反馈,如后台素材库中的往期内容,也能在重要时间点给运用者一些策划启发,如每周发布的高校微信排行榜、传播影响力热文榜,其中优秀的推文案例也能给新媒体人一些启发。

1. 供给交互,借鉴反思

通过阅读量、点赞量、阅读量增长速度反推,分析内容受众、标题传播度、推送时间等对此条内容的影响。

如每年春季的时候,团队会策划推出常规春景选题,某一年做了一条校园赏花地图的原创内容,以地图导览方式,介绍了校园内的各式花草以及美图,最后选择了标题【交大"校花"! 最惊艳的竟然是她】。恰逢周末,大家可能正有赏花春游的兴致,于是启用了这个尺度较大的标题,吸引了粉丝的关注,收获4万多的阅读量。

又如【骄傲,世界冠军! 交大学子徐嘉余100米仰泳摘金! 成为首位中国男子仰泳世界冠军】。小编密切关注比赛进程,半夜守候在电视机前,记录比赛视频、图片、结果实况,连轴编辑、请审、修改、校对,在比赛当天凌晨推送,此条内容也因资讯传播及时、全面,收获了近3万的阅读量。

2. 选题规划,有备而来

根据选题作战表,及时回顾往年推送内容,结合当下的热点和事物,策划新选题。前面介绍道,选题作战表,既能将近期要准备的选题进行梳理,也能引导新媒体运营者有条不紊地跟进内容,还能面对突发情况从容应对。每当临近节日节点时,可查看参考微信公众号后台素材库的往期内容,给最新策划提供一些灵感和建议,再结合实时的环境和情况,改进或创新内容。同时,选题表提供了时间规划线,也为临时任务的调整和安排提供了清晰的可视化思路。

3. 不断学习, 见贤思齐

我们还会不断分析和参考其他社会公众号和高校公众号的优秀作品。每周、每月、每季度, 几大官方数据统计平台(如清博指数等)均会发布各高校微信公众号内容排名, 从粉丝数、阅读量、点赞量等数据, 科学计算出 WCI 指数。WCI 指数是由微信原始数据通过一系列复杂严谨的计算公式推导出来的标量数值, 它是考虑各维度数据后得出的综合指标, 广泛应用于各类微信图文发布内容的媒体影响力排行, 科学、透明、公开, 在业内有着很高的可信度和权威性。新媒体工作者要多学习、借鉴, 每日查看其他优秀公众号的推送内容, 开阔思路, 学习技术手段, 促进选题创新。

第15式　千变万化

呈现交互加持，视频转型迅速

新媒体大环境经过近几年的快速发展，技术也在不断革新和颠覆。除了最开始的图片和文字，逐渐加入了视频、语音，再到制作 GIF 动图等更丰富的形式，还能插入投票统计功能。从拍摄技巧来看，在传统平面摄影基础上，也不断加入了动图、航拍、延时摄影等技巧，丰富了短视频的呈现形式，展现的载体越多，内容可呈现性就越广，新媒体团队策划发挥的空间也越大。

一、积极尝试，创新呈现

上海交大新媒体团队及时学习和尝试，在多条推送中运用了以下这些新方式。【比天气还热的相声剧！奖助学金、勤工助学……在这里看懂交大全资助！】，将各种情况详细列出，并有读者自行选择类型，后台可根据投票结果，针对性地提出解决方案。【Exciting 快来看交大人玩转"一颗赛艇"！】，将所录的参赛队赛艇过程的视频剪辑制作成动图，捕捉最精彩的瞬间精准呈现给读者，让大家能身临其境地感受赛艇的精彩激烈和乐趣。【400 天，4 万张大片！一位交大博士生的延时摄影，7 分钟看遍交大四季】，展现的是一部记录上海交通大学校园美景和日常生活的延时摄影作品。交大的日夜，小编与您一起走过，相伴成长的，不止有春夏秋冬的四季美景，还有小编朝夕坚持的每日问候，以延时摄影的技巧，记录学校从春到冬、从清晨到夜晚的景色变化，寓意大家平安喜乐，这就是我们相互赠予的最好的礼物。

上海交大官微尝试了语音录入，生动真实地传递情感，如【爸妈，我想你们了！交大版见字如面，书信里的月圆思念】。2017年中秋节，我们基于阖家团圆、学子与父母的思念情感出发，策划了书信选题，在信中细腻地捕捉表达了在外求学、太远不便回家的学生与家长之间的关心、牵挂和鼓励，同时，采用了语音录入的方式，完整地朗读两封书信，情感饱满，语气温和，让人一听便思绪万千、泪如泉涌。

我们还尝试了图说的方式进行数据呈现，如【"00后"占10.56％！数说交大丨你想知道的新生信息都在这里】，将复杂的、多维的新生数据信息，包括年龄、学院、男女比例、姓名等，通过直观的绘图和说明进行表达，迅速带领读者理清思路和主次，了解各项数据的情况。

我们也尝试了长图的方式进行"一图看懂"，将复杂的流程、说明、注意事项、类型等信息，通过平面长图的方式阐述，更加美观和便捷，也更适合解读、分享和传播。如【抢先看丨一图看懂上海交大第46届运动会（内含各类示意图）】，将运动会的相关项目、入场说明、场地分布、赛事进程等详细信息通过直观的绘图说明，给参加运动会的师生提供了参考。

我们还尝试了创意手绘，在盛夏酷暑时分，上海交大来了一群"新客人"，他们是甜蜜又清凉的水果伙伴，在教室、校门、植物园、湖边……深度感受学在交大的氛围（见图3-13）。新春佳节，上海交大设计了多款红包封面，以特色元素、精美校景、暖心祝福为基础，在大年节点前后推出，深受粉丝好评（见图3-14）。

图3-13　推文配图

图3-14　红包封面

二、阅读原文,拓展外链

另外,由于有阅读原文功能,可跳转至任何第三方链接地址,也极大地扩展了新媒体的内容、形式和创意。例如:我们尝试了外接 H5(HTML5 的简称,是指万维网的核心语言、标准通用标记语言下的一个应用,适合在移动设备上展示的多媒体形式,以生动化、交互性的页面展示主题活动)链接,在教师节制作祝福贺卡【SJTU 专属记忆! 交大为你定制教师节贺卡】,用户跳转至第三方制作平台后,可自行选择多种场景、书写祝福语,极大地丰富了用户的选择性和体验感,也借教师节的机会,用新媒体的形式给恩师送上专属祝福;在跨年时分,送出专属贺卡【@全球交大人,请收下这专属新年贺卡!】,从凯旋门到紫气东来门,从南洋公学到 SJTU,每一座建筑、每一个意象,都与谆谆寄语缠绕在一起,沁入难以忘怀的记忆里,我们将祝福语融入学校元素,用最炙热的情怀表达新年心情。此外,我们还接入全景相机拍摄的校园,如【惊艳! 全景漫游最美交大】,采用了时新的全景相机,让大家能足不出户,一键漫游校园虚拟场景,在指尖滑动中回味熟悉的校园地点和故事;为增强互动,我们在国庆期间,推送了【交大人:今年国庆,我为祖国当旗手】,内嵌一个小小的应用,用户进入原文链接后,便能以国旗手的方式在天安门广场前升一次国旗,还能实时分享显示自己是第几位旗手,不仅充满趣味性和参与性,也用简单但有意义的方式为祖国母亲的生日献礼(见图 3-15)。

2017 年,腾讯推出基于微信应用的小程序,在迎新当日,我

亲爱的老师：

饮水思源，爱国荣校。感恩之心，师恩难忘。

@SJTU
敬赠

亲爱的老师：

思源致远，天地交通。立德树人，春风化雨。

@SJTU
敬赠

亲爱的老师：

涓涓蚕丝，师恩如山，师生情谊，铭怀在心。

@SJTU
敬赠

图 3-15　电子贺卡图

们推出【交大首个小程序上线！精彩校园，一键出发】，全面展示了小程序。开发小程序的过程经历了约一个月，最终商讨定位为做校园导览应用，其中，小程序的设计出发点基于以下几个问题：交大校区分散，学校历史底蕴浓厚，校园景点丰富，建筑充满特色故事，校外人员、新生及家长对路线陌生等。小程序涵盖以下几个功能：精确的定位信息、智能的路线规划、权威的校园介绍、实用的服务咨询(见图 3-16)。上线以来,累计访问人数 2 万左右,累计访问 6 万余次,充分体现了小程序的大作用。

图 3-16 校园导览小程序

在这些新技术的融入过程中,并未对微信推文产生冲击,反而丰富了内容的呈现形式,给读者提供了更多具有参与性、可读性、观赏性、趣味性的选择,也促进着新媒体人不断去学习、尝试和创新。

三、高校短视频运营建设现状

1. 平台种类及入驻情况

截至 2024 年 6 月,腾讯视频号月活跃用户数已经突破了 8 亿大关,日活跃用户数也超过了 6 亿,已经成长为另一个可以和抖音分庭抗礼的短视频巨头。另外,众所周知的是,微信的用户数已经突破 11 亿,基本上接近互联网网民的用户数。字节跳动旗下抖音、西瓜视频、火山小视频三款短视频去重月活跃用户接近 10 亿,其中抖音月活跃人数达到 7.23 亿,日活跃人数达 5

亿。快手的月活跃人数超 4 亿。百度系的短视频产品也持续发展，其中好看视频、全民小视频用户数都取得较高的增长，但是用户基数仍然较小。2018 年起，各大高校逐渐开始注重短视频平台的阵地建设，陆续入驻官方账号。以抖音这个用户量较大的短视频平台为例，截至 2024 年 6 月，校园官方类抖音账号超过 2 500 个，清华大学、北京大学、上海交通大学、浙江大学、复旦大学等"双一流"高校和教育部直属高校 70% 以上开通了学校官方抖音账号，且这个比例仍在不断增加。也有部分高校同时入驻认证了快手、微视平台，但内容区分度不高，常采用一稿多用的运营模式。

2. 用户属性和粉丝规模

高校短视频平台相较于成熟的微信和微博平台，区别主要体现在内容形式以及用户受众属性。之前的微博、微信平台，受众和粉丝以在校师生、毕业校友、学生家长为主，但短视频平台覆盖范围更大，辐射不同的城市、年龄、职业等各种人群，这些受众属性可能和高校关系并不是特别紧密，但是由于平台推荐机制、内容关联算法等原因，也会经常浏览到高校官方发布的短视频内容，从而转化为高黏度关注者。在粉丝规模方面，现阶段高校都还处在一个稳定增长的时期，浙江大学入驻建设短视频时间较早，于 2018 年 6 月开设官方抖音和微视账号，清华大学和上海交通大学于 2018 年 10 月 22 日，同一天开设官方抖音账号，截至 2024 年 6 月，清华大学粉丝数超过 850 万，北京大学超 800 万，浙江大学也突破 190 万，上海交大、复旦大学、武汉大学等高校粉丝在 130 万左右。相比其他政务类账号，高校的粉丝基数还有较大的增长空间。

3. 主管部门及团队构成

通过对部分高校的调研与采访，发现绝大多数高校的短视频平台与微信、微博等新媒体阵地一致，主要由学校党委宣传部管理和运营，包括主题策划、视频采集、剪辑制作、审核发布等。运营团队也多采取1＋1＋N的模式，也即一位指导教师、一位学生骨干和N名学生共同组成团队，分别负责各短视频平台的日常生产和运维，其中，学生团队是重要的原创支撑保障。考虑到内容视频化的专业度较高和平台属性的新颖性，各高校也都在培养新的团队来投入建设，但目前仍处在建设初期，生产机制、作品剪辑、投稿管理、团队探索、激励反馈等，都还没有形成较为稳定的模式。

4. 内容类型及生产机制

分析几所典型高校已发布的短视频，可发现大部分内容均与校园主题相关，包括学校特色活动、师生风采展示、校园文化建设、学习生活环境等。播放量及点赞量较高的视频，除了片子本身制作精良、音乐贴合、节奏适宜外，还有一些共同的元素，包括紧跟社会热点、凸显学校名片、符合平台特点等。生产机制方面，部分高校采用平台专项运营的方式，针对短视频的特殊要求单次策划→采集→发布，部分高校已推动融媒体转型，与其他新媒体平台共享线索资源，联合策划→分级开发→全媒发布，但在细节化、流程化、标准化等方面，各高校仍在结合实践过程中的经验探索前行。

四、当前高校短视频运营中存在的问题

1. 定位属性模糊

由于短视频是应时而为的新兴环境,受众的倾向和平台的属性相比较之前的微博、微信等平台均有一定差异。高校陆续入驻官方账号,初衷即为占领视频化内容这块新媒体阵地,以作形象传播、信息发布、舆情应对,同时也是融媒体中心建设的核心板块。但高校短视频的平台定位和作用功能均在不断调整,从发布的视频可看出,网络内容丰富繁杂碎片化,思想政治教育内容尤其稀缺,缺乏稳定、丰富、持续的核心价值引领,短视频平台的网络育人效应未能充分发挥。

2. 视频内容生产机制未充分融合

当前大部分高校的短视频均依托学生团队生产,从顶层设计→主题策划→线索发现→信息采集→剪辑制作→审核发布,就是串联的单次过程,与其他校级宣传阵地和学校各二级学院联动较少,未形成一个较好的融合机制,未发挥协同作用,所以视频素材来源和途径有限。同时,依靠学生团队挖掘题材有很大的限制,内容形式聚焦校园,较为单一,创新性和内涵性均有待提高。另外,部分高校同时入驻了抖音、快手、微视等短视频平台,一方面运营经验和精力有限,另一方面,各平台定位和内容区分度不大,存在一稿多发的情况,未将平台传播增益融合最大化。

3. 团队人员及技术设备均不完善

短视频作为新投入建设的平台,现阶段各高校管理思路仍

然较粗略,主要由负责学校新媒体运营老师和学生骨干来执行各项工作,教师团队的专业性、学生团队的执行力均不足,且没有调动更广大的参与性和积极性。同时,视频拍摄制作除了对熟练度有要求外,还需研究符合平台传播的属性。另一方面,相较于传统文字和图片的处理,视频拍摄和剪辑需要有更高的技术支撑和设备保障,但各高校人力、物力、经费、培训的支持投入均不足,视频多以随手拍为主,缺乏高质量深内涵作品,选题开展也有较大的执行阻力。

五、高校短视频运营的对策

1. 明确短视频平台的育人载体效应

短视频平台受众十分广泛,高校账号的粉丝也不仅是在校师生,还包括更广泛的青年群体。根据后台相关数据显示,30岁以下的粉丝占各高校官方短视频账号受众的85%。当代大学生是网络的原住民,对于"90后"和"00后"的大学生而言,短视频是他们认识世界的重要途径,"青年人现在都在网上,我们的思政工作也要做到网上。"高校应该明确其教书育人职责,将短视频在内的各个新媒体阵地作为网络第三课堂,明确育人载体定位,通过新颖的形式和平台,以及生动的视频化内容,发挥稳定持续生动的价值引导作用。

2. 融合内容生产机制和传播渠道

短视频应时而兴,其生产机制应以融媒体视角和思路,实现校内各新媒体平台、网络文化工作室、二级单位相关平台的"一体策划→集中采集→分层开发→全媒推送"。新闻素材集中采集之后，根据微信、微博、短视频不同平台的传播特点和受众喜好，进行二次加工和开发，最终实现全媒体平台的发布。同时短视频团队也应充分协调资源，发掘更多线索和人才，建立规范高效的联动机制，扩大原始视频素材的来源途径，围绕学校主要议题，整合资讯活动，拓宽选题思路。基于融媒体的特性，占领全方位的网络育人阵地，实现育人渠道最大联动性、覆盖度和影响力。

3. 加大团队建设和技术投入

短视频建设依托人力和技术的保障，在后续的发展建设中，需全面提升师生团队视频类媒介素养。教师层面，补充一批专职化、专业化、专家化的核心队伍；学生层面，培养一批政治性强、理论性高、实战性硬的团队；同时关注和孵化一批有兴趣、有能力的校园视频达人，引流聚焦形成合力，逐步完善优化视频制作班底。在条件允许的环境下，加大设备和资源的投入，保障视频的质量和团队的工作热情。定期开展专业技术培训，熟悉平台规律，掌握基础技能。

第16式 数字转型

发展校园媒体,数字赋能教育

2023 年 2 月,中共中央、国务院印发了《数字中国建设整体布局规划》,指出建设数字中国是数字时代推进中国式现代化的重要引擎,是构筑国家竞争新优势的有力支撑。同时,世界数字教育大会召开,进一步明确发展数字教育、推动教育数字化转型是大势所趋、发展所需、改革所向。当下,互联网和新媒体已经成为高校教学环节中的基础设施,二者在信息发布、热点捕捉、后勤服务、新闻采编、舆情监测、资料管理等方面深度融合;教育融媒体作为重要载体和手段,也是近年来高校形象建设和文化传播的重要窗口。如何以数字化推动高校校园媒体创新与发展,构建网格化、个性化、服务化、专业化、有效化的网络育人体系,并培养出一批应用型的传播科技类人才,是教育系统网络数字化工作者面临的新课题。

一、高校校园媒体数字化建设现状

1. 分阶段转型,布局不全面

高校校园媒体数字化转型大致经历了以下几个阶段:从基础的内容电子化,到整体的平台矩阵化,再到一体的教学服务化,从传统校报刊物、主页网站,逐渐倾向于新媒体的建设发展,所涉及的统筹单位包括党委宣传部、网络信息中心等,但整体上还未形成科学全面的宏观布局。2019年5月,教育部启动开展教育系统融媒体建设试点工作,确定了首批15家试点单位,2020年确定第二批15家,加快推动了高校校园媒体融合转型发展,也加入了新兴技术、典型场景、专家智库、线上教育等核心资源,对持续推动数字化校园建设和网络育人体系优化提供了机制基础。

2. 功能多样化,结构偏扁平

高校校园媒体数字化转型诉求主要集中在内容、管理、服务方面,包括提升采编发布效率、多级流转规范、服务入口嫁接、教学信息集成等,但因为属性迭代和受众差异,目前平台仍各自为营。比如纸媒、官网、电子屏等主要做信息集群呈现,微信、微博等聚焦图文发布和留言互动,抖音、哔哩哔哩等短视频侧重动态输出,App、小程序等聚焦功能集成,虽都有一定成效,但结构扁平,未形成很好的合力,为数字化背景下校园媒体网络育人新体系构建提供了平台基础。

3. 技术与实践,赋能初起步

高校基于融媒体中心建设,推出指挥系统,如中国传媒大学、北京电影学院等;公众号后台接口,除了信息展示,也有服务入口。高校与信用积分关联,可申请一些校园共享服务。北京大学、上海交通大学等也推出校园导览小程序,在校庆等典型节点结合SVG技术做一些交互呈现,开发校园客户端App或教务、后勤等系统,针对性解决相关版块需求,为相关工作开展提供技术基础。

4. 助网络育人，成效始渗透

近年来，高校围绕立德树人根本任务，结合师生阅读需求、学科特色和社会热点，陆续构建以"双微＋短视频"为支撑的网络育人载体，以主题策划、系列开发、特色聚焦等机制，创作了一批具有价值引领的优秀作品。一方面，通过这些网络思政内容，潜移默化价值引领，形成"第三课堂"；一方面也给师生团队提供实践平台，将所学专业知识应用于运营和创作过程中，为数字化环境下校园媒体网络育人提供内涵基础。

二、数字化背景下高校校园媒体网络育人困境

1. 高校融媒体平台的定位单一

结合高校教书育人核心工作，融媒体平台建设的定位主要还是信息发布和形象展示，虽然有"报、网、微、端、屏、播"等全媒窗口，但基本各自为营，内容生产和受众对象均有差异，未建立一体化的测采编发、审校评论等系统，数字接入和后台服务作为附加需求，并未纳入前期考虑。

2. 第三方技术介入安全风险高

在校园媒体建设过程中，免不了第三方接口的连入。主要原因是校内专业支撑存在分散性，如新闻媒体传播专业的师生不太擅长软件代码，专业计算机人员又缺乏媒介素养。而在第三方端口的嫁接过程中，也存在技术、人员、审批、管理、监测等环节方面的安全风险。

3. 运营队伍和监管机制不成熟

目前，复旦大学、西安交通大学等已挂牌成立了融媒体中

心,统筹负责新闻宣传和舆情管理,但主体工作仍聚焦在图文内容、视频产品、视觉形象等方面,对技术应用未针对性地展开培训,包括研发、维护、更新等。在整合校内队伍资源方面没有形成成熟的机制。

4. 与教学和育人融合深度不足

高校校园媒体业务性较强、同质化较强、专用度较强,如何通过内容传递实现价值引领,进一步完善网络育人效能,是各高校迫切需要探索的课题。目前,校媒在数字化转型中,内容创作仍聚焦新闻资讯类或热点事件类,未与教学育人等环节深度融合,包括公开课程资源融通、教学咨询和反馈平台。

三、校媒数字化转型评价指标及策略

1. 指标建立思路

校媒数字化转型是指高校校园媒体利用信息技术手段,将传统媒体的内容、渠道和运营方式进行全方位的升级和转型,以适应数字化时代的媒体环境和用户需求。这种转型包括数字化媒介的应用、新闻采编方式的变革、信息推送方式的多样化、社交媒体的融合、数据分析和挖掘的运用等。

其中,媒介形式的数字化是当前校园媒体平台转型的主要切入点。大部分高校校媒在平台数字化转型中均进行了一定程度的尝试和探索。除了早期的微信、微博外,近年来,校园媒体还陆续入驻抖音、快手、B站等短视频平台,以及小红书等互动平台,也有众多学校尝试了校园客户端的使用、专业技术的开发等。然而,媒介形式的数字化只是高校媒体平台转型的初步形式,数字化应当是信息化的升级,除了由互联网技术和数据所驱动的校园媒体业务外,还应形成媒体融合的新传播模式,并与数字化的核心"人工智能"进行深度嫁接。结合当前各高校校园媒体建设相关情况的调研分析,综合考虑到数字化初步形式所涵盖的多平台接入和电子化建设,以及数字化升级形式所内含的融媒体建设和人工智能技术赋能,高校校媒数字化转型的进程可主要通过以下一些维度来进行研判,包括传统媒体电子化、新媒体图文平台、短视频平台、交互产品应用、融媒体中心成立等一级维度和内涵细节的二级指标,考虑其定位和重要性,各分项采取线性权重,每项分值计 1 分,总计 25 分。具体的高校校媒数字化建设指标方案如表 3-1 所示。

表 3-1 高校校园媒体数字化建设指标方案

维度	指标	量化内容	参考数值	分值
传统媒体电子化	校报	定期刊印发行	周刊、月刊、旬刊	1
	校刊	每年制作	年刊	1
	电子屏	设立并投放	投入日常使用	1
	广播站	建立且播报	投入日常使用	1
新媒体图文平台	微信公众号	认证且定更原创	日更、工作日更	1
	微博	认证更新且互动	日更	1
	小红书	认证更新且互动	日更、工作日更	1

维度	指标	量化内容	参考数值	分值
短视频平台	抖音	认证并定更	日更、周更	1
	B站	认证会员并定更	日更、周更、专栏	1
	快手	认证并定更	日更、周更	1
	微视	认证并定更	日更、周更	1
	视频号	开通并定更	日更、周更	1
交互产品应用	客户端App	开发使用并定期优化更新	下载量和使用频次	1
	小程序	定向开发且运维	使用频次	1
	H5产品	定期开发使用	转发率和参与量	1
	官微菜单栏接口	开通且投入使用	查询或互动	1
融合机构设立	融媒体中心	挂牌成立	独立建制	1
	校园新媒体联盟	设立并联动	考评	1
	区域新媒体联盟	建立并互动	互动	1
	媒体战略合作	签约并实践	作品转化和人才培养	1
新兴技术赋能	虚拟主播	开发并使用	使用频次和效果	1
	融媒集成系统	开发并使用	使用度	1
	VR全景	采集并发布	使用频次和更新效率	1

（续表）

维度	指标	量化内容	参考数值	分值
	AI采编	投入使用	使用频次	1
	舆情系统	投入使用	处理实效	1

2. 模型有效分析

参考《中国青年报》发布的 2022 年度中国大学官微百强榜单前 30 名高校，通过资料查阅、访谈调研等方法，利用提出的高校校园媒体数字化建设指标方案，对各高校校园媒体建设情况进行量化分析。结果显示，头部高校已基本完成以上指标布局，其中，传统互联网媒体平台微信、微博的入驻运营率高达 100%，且内容基本保持日更或者工作日更新的频率。抖音、快手、B站等新兴短视频平台认证率也近 80%，少数高校因为人员有限、定位聚焦图文等暂未开通，但也在积极推进中；小红书作为年轻人倾向的新兴互动平台，也有近 40% 的高校入驻。按上述指标模型对前 30 所高校进行分析，发现各高校校园媒体数字化转型进程成效和综合新媒体传播排名基本保持一致。例如，除清华大学和北京大学外，开通小红书账号的高校较少，上海交通大学校园未设广播站，华南师范大学未开发 VR 校园全景图。同时，由列表结果可见，各高校在新兴技术赋能方面还有很大提升空间，如虽很多高校已启用开发融媒集成系统，但并未整体完成和投入日常使用，虚拟主播、AI采编的投入等也未普及。

3. 转型策略建议

综合指标模型建立和影响力较高的高校得分情况，传统媒体电子化以及新媒体平台构建已基本成熟,而短视频平台的运营参差不齐,各高校基本入驻了核心账号,但尚未形成全面布局,在交互产品应用和融合机构建设方面均有更大的提升空间。针对上述问题,后续高校校园媒体在数字化转型中可从交互产品应用、融合机构设立、新兴技术赋能等方面着手,从顶层机制上梳理内容生产模式和资源共享渠道,贯通校院层级和区域联合,实现全方位的资源整合和信息共享;同时,通过技术嫁接,增加互动性、实用性、创新性、高效性,提高校园媒体的传播效率和影响力;加强对交互产品的应用和融合机构的建设,以提高校园媒体数字化转型的整体水平。

四、数字化背景下高校校园媒体网络育人路径建议

在数字化背景下,面对校园媒体的现实需求,数字化转型可以实现更为灵活、高效、个性化的内容传播,提升高校校园媒体的话语权和影响力,进而推动高校育人工作的深入开展;可以优化媒体运营成本和管理效率,提高传播效果和用户体验,拓展媒体的创收渠道,增强高校校园媒体的可持续发展能力;能够提升高校的品牌形象和声誉,进一步推动高校的品牌建设和校园文化建设。为进一步拓宽高校校园媒体转型渠道、激活校园媒体网络育人活力,数字化背景下校园媒体的网络育人路径可从以下几方面进行。

1. 重构校园媒体矩阵框架,增强网络育人运力

基于数字化背景和融媒体转型,重构校园媒体矩阵框架,提升网络育人体系组织力。机制上,由高校党委宣传部领导,统筹

全校思想文化宣传工作,在校园媒体包括学校官方平台、二级单位平台、网络文化工作室等进行规划布局、导向管理、舆论引导、运营监督、认证考核;结构上,加强学校新闻宣传模式和队伍建设,组建多级协调、全面覆盖、内外辐射的校园媒体网络矩阵,实现线索共享、信息采集、审核修改、发布分析等全链条畅通,并赋能最大化地发声;生产上,打破新媒体常规定位,结合立德树人主题和网络传播特点,根据需求导向创作价值引领的内容;接口上,充分应用"内容库料、互动留言、发布规律、传播数据"等资源,优化网络平台的接口、开发、关联;渠道上,内聚人心整合校内账号,外展形象加强媒体合作,实现线上与线下、小屏与大屏、传统与新兴的联通,扩大学校社会影响力、传播力。

2. 转化网络环境话语体系,激发网络育人潜力

在开展网络思想政治教育工作中,面对多元复杂、更迭迅速、数字转型的网络媒体与网络文化,高校校园媒体如何掌握话语体系的"新高地"至关重要。Z世代(网络用语,也称网生代、互联网世代等)青年作为"网络原住民",网络用语使用频率高、应用范围广,对大学生的意识思想、价值观念和心理情绪都产生了不小的影响,他们获取信息和沟通交流的方式、渠道主要集中在网上。校园媒体应主动策划和推广与大学生学习生活密切相关的热点话题、网络推文、视频作品,将网民习惯的话语形式与主流价值的话语内涵相结合,改变"单一输出、自说自话、我说你听、灌输说教"等模式,建立网络用语观念,规范网络表达方式,创新网络话语体系,在价值引领的基础上增强可视化、互动化、趣味化、形象化,潜移默化地使网络育人真正"活起来""火起来"。

3. 融合专业学科资源力量,提升网络育人实力

首先,做好数字关联接口,将教学列表、科研信息、学科资料、设备使用、场馆预约等嵌入服务栏目。用好在线教学资源,通过常规直播和入口引流,共享高校公开课程和名师专家讲座,让师生和受众足不出户上"金课"。充分与教学环节结合,给同学们提供锻炼机会,参与相关平台的运营管理,并前置相关机制,如将在校园媒体实践的经历纳入课程考核评分,联合培养高端新媒体技术人才。其次,整合新闻传播和人工智能、机器学习等交叉学科研究,以高算力搜索等新技术连接端、云、库,结合高校大数据实验室、人工智能实验室、网信单位等资源来协同建设后台。多维度融合资源,多效能开发平台,以"内容＋实践＋应用＋转化＋反馈"模式为网络育人注入实力养分。

4. 加强技术赋能价值引领,优化网络育人效力

在元宇宙逻辑下,VR、AR、AI 等新技术创造的场景和应用将给媒介变革带来挑战和机遇,未来媒介不只是平台和窗口,而是由信息、数据、算法等构建的复杂系统。数字化背景下校园媒体融合发展也有更大空间,在前期内容策划方面,利用自然语言处理技术,通过挖掘文本的特征向量来得到用户的阅读观看偏好,进而实现优化定制内容的推荐,为原创作品生产提供精准指导方向,也可增加用户黏度。在中期制作呈现方面,高校可集成开发客户端 App,同时可与信用积分等关联,覆盖学习、资讯、活动、社交、公益等多个版块的服务内容,即能涵盖智能校园方式,高移动智能体验等;制作特色选题时,结合 SVG 等技术,制作点击类交互型推文,同时应用 H5、小程序等开发,嫁接跳转多样

化形式。在后期数据分析方面，合理应用人工智能等技术，用于信息收集和采编、错别字勘误、传播信息分析、舆情监测引导等环节，在服务于内容的基础上提升前后端效率。

5. 组建一专多能人才队伍，形成网络育人合力

在构架方面，整合全校人员资源，组建校核心团队、院系宣传队伍、融媒体专家智库和学生通讯社团等四支融合工作队伍，完善从顶层设计、统筹管理、环节推进、内容供给、联合制作到广泛传播的全过程闭环式工作体系，并定期进行交流与考核。在业务方面，通过开展关于媒介素养、编辑排版、新闻摄影、基础摄像、网络文化、后期剪辑等方面的实务培训和讲座沙龙，培养宣传工作人员全媒体工作思维与技能，提升跨团队协作能力和跨领域学习能力，锻造过硬的"脚力、眼力、脑力、笔力"。在持续性方面，把校园媒体培育为师生实践锻炼的人才培养"一站式"平台，既能将专业知识转化为作品产出，同时也能在过程中提升媒介背景与数字技术能力，形成"全媒化＋专业化＋特色化"的网络育人模式。

第**17**式　现场直播

场景灵活呈现，常态流程应用

一、当前高校直播背景和特点

近年来，全国各个高校积极响应教育部于 2020 年初提出的倡议，直播应用涌入高校，逐渐成为各学校开展在线教学和重大活动不可或缺的技术之一。高校除了最基础的教学工作外，还有开展大型公开课、学术交流论坛和重大典礼活动等需求，具有规模大、人员多、互动强的特点。此外，由于高校活动需要同时面向在校师生、领域专家和行业人员，要兼顾内容严谨、互动高效和接触便捷，因此在直播技术实现上，有以下特点和需满足的基本条件：

（1）能同时容纳较多数量成员参与。例如，举办在线公开课，面向全国大学生，需要有足够的服务器资源以容纳更多的观看人次。

（2）能灵活应对不同环境现场条件。有许多典礼活动受限于场地条件，不能在室内直播间进行，而需要在体育馆、操场举办，这需要直播技术和团队能够灵活应对。

（3）能对直播画面和互动评论实时审核。高校部分活动会涉及特殊主题，这需要能够实时监控现场直播人员的演讲内容和在线参与成员的互动内容,遇到不适宜传播的内容需要及时快速预案处理。

（4）前台操作需要易于理解。通常高校活动主办方多样化,不同的活动会与不同学院、组织、部门对接,这就需要技术沟通交流时,操作指导详细简单。

（5）在必要时能够进行推广宣传。在进行例如招生宣讲类的活动时,能够有相应的宣传预热渠道,达到直播前后与观众持续互动的需求。

二、高校直播技术及团队建设现状

1. 直播技术和平台

当下市面上存在着许多成熟的直播平台,根据不同的功能主要分为内部会议平台、在线教学平台、社交直播平台和主流媒体平台等四大类,具体优缺点和应用见表 3-2 所示。

表 3-2　适用于高校的直播平台类型

直播平台类型	举例	优点	存在问题	具体应用
内部会议平台	Zoom、腾讯会议、钉钉等	① 操作门槛低 ② 网络稳定 ③ 活动参与方便	① 无法容纳大量观众 ② 难以灵活应对不同现场	在线教学小型公开课
在线教学平台	ClassIn、爱课堂、雨课堂等	① 直播方式灵活 ② 可以容纳更多观众	① 相对小众,需额外注册 ② 平台不够稳定	在线教学公开课

直播平台类型	举例	优点	存在问题	具体应用
社交直播平台	微信、微博、抖音、快手、哔哩哔哩等	① 自带庞大用户基础 ② 可进行宣传推广 ③ 能容纳大量观众	① 需要进行互动内容审核 ② 直播门槛较高	① 公开课 ② 典礼活动 ③ 学术会议
主流媒体平台	央视频、新华网等	① 内容审核严格 ② 能容纳大量观众	① 需要安排专人进行对接 ② 审核测试流程比较烦琐 ③ 直播门槛高	① 典礼活动 ② 学术会议

目前各平台存在的主要问题如下。

（1）以 Zoom、腾讯会议、钉钉为代表的内部会议平台，能够以非常低门槛的方式发起直播，并允许容纳相对多的参与者（通常为 300 人以内），但是这类平台通常只适用于小范围在线教学活动，无法容纳更多的社会观众，在面对较为复杂的现场环境时显得不够灵活，并且无法在直播前后进行持续的互动。

（2）以 ClassIn、爱课堂、雨课堂为代表的在线教学平台，能很好地解决直播前后的互动问题，并且通过视频流分发技术也能容纳更多的观众，但是这类平台通常比较小众，有专项技术权限，不利于面向全社会宣传推广使用。

（3）以微信视频号、微博、抖音、快手、哔哩哔哩等为代表的社交直播平台，基于自带大量用户基础的优势，能够很好地解决宣传推广问题,同时可以容纳几乎不限量的观众参与,但这也增加了互动交流中出现不适宜传播内容的风险,需要安排专门人员进行实时审核。

(4)以央视·央视频、人民日报、新华网等为代表的主流媒体平台,通常会对直播画面和互动评论有更严格的审核要求,需要配备专门人员与平台对接,审核测试流程也比较长,操作门槛较高。

通常高校在进行直播活动时,会根据具体需求选取一个或多个直播平台,取长补短,以满足多样化的需求,部分高校还会针对具体需求自主开发面向校内学生的直播平台,例如清华大学的雨课堂、西安交通大学的智慧教室等,这类解决方案类似于在线教学平台,但根据相关参与者网络反馈,受限于服务器规模和开发团队限制,大量观众参与后容易出现黑屏、声话不同步等不稳定的现象。

2. 高校直播团队简介

除了现有的直播平台外,高校党委宣传部负责直播工作的团队也发挥着重要作用。高校的直播团队由师生共建,主要分为技术组和运营组,具体团队架构如图3-17所示。

不同团队会有具体明确的分工,例如技术组有现场设备摄制、网络信号保障和软件后台推流拉流等环节,运营组有前端页面设置、宣传推广和评论管理等分工,不同学校会依据实际情况进行调整。高校技术组普遍以"校内老师＋专业学生＋平台支撑"为主,能够专业灵活地适应不同的现场条件,运营组主要以"校内老师＋学生团队"为主,可以更贴近学生需求,同时高效运作。

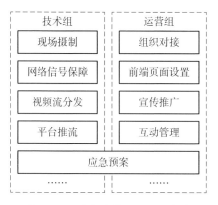

图 3-17　高校直播团队组织框架

但目前高校直播团队在实际操作中也存在着许多问题，例如校外技术组不熟悉校内环境，导致视频流分发出现混乱；校内运营组与学校其他组织对接不畅，缺少合理有效的工作机制等。要解决这些问题需要首先明确不同类型的直播应对方案，根据不同方案确定具体的直播平台、流程以及团队分工，再经过多次的配合测试，不断减少出现的问题。

3. 高校直播审核保障机制

由于高校直播活动通常涉及党史校史和学科专业等内容，在开展面向全国观众的直播活动前，直播团队需提前建成涉及党委宣传部—院系单位—直播平台的三级直播活动审核保障机制。

在活动筹备阶段，在线教学内容提供方或典礼活动主办方通过院系与校党委宣传部报备，院系首先对活动所涉及专业领域知识进行初次审核，党委宣传部直播团队再对活动是否涉及敏感话题进行二次审核，最后直播团队联动直播平台进行评论管理，若出现突发情况及时通过关键词拦截、屏蔽互动、临时垫片等手段进行处理。

三、高校常态化直播应用方案

依据高校的不同需求,直播主要分为在线教学和典礼活动两大类,其中在线教学主要介绍的是面向大众的公开课,而小班教学活动通常可以由讲师自行开展,无须高校直播团队介入。

1. 在线教学

高校组织的在线公开课的特点在于内容专业、潜在听众极多,且需要有效的提问交流平台。对于直播团队而言,该类直播技术门槛较低,通常可在室内固定场景进行。直播涉及部门及沟通流程如图3-18所示。

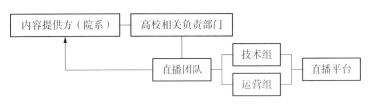

图3-18　高校在线教学直播沟通流程

首先需要运营组与内容提供方(通常是院系)进行沟通,提前掌握课程大纲、面向人群、主讲嘉宾、讲课地点等关键信息,运营组协助判断合适的直播平台。在确定直播平台和直播形式之后,由技术组介入对接,根据具体直播现场确定所需直播设备和软件。下一步运营组根据内容提供方需求,结合实际情况在对应直播平台进行预热推广和宣传资源申请,例如平台推送、首页推荐等。在直播开始前,运营和技术组与内容提供方提前做好测试和设置工作，对直播流中的声音、画面、媒体文件是否能正常播放进行测试。在开始直播后，直播团队做好互动管理和突发事件保障。直播结束后，依据内容提供方的需求，运营组提供直播数据，对数据进行简要的分析，并对下次直播提出改进建议。

典型案例包括"长三角医学教育联盟'与你谈科学'系列课程""清华大学'春风讲堂'系列讲座"和"上海交通大学'交小喵课堂'"等。

"长三角医学教育联盟'与你谈科学'系列课程"由长三角医学教育联盟共同推出，首期课程直播于 2020 年 4 月 3 日由上海交通大学医学院组织，课程首期同时在在线教学平台（超星、ClassIn）、社交直播平台（哔哩哔哩）和主流媒体平台（央视频）播出。经统计，首期课程观看人次超过 10 万，全系列课程观看总人数超过 100 万，为医学领域师生、非医学工作者和人民大众分享医学知识，是一次提升全民科学和医学素养的有益探索。

清华大学"春风讲堂"系列讲座由清华大学教务处推出，邀请清华大学不同领域的专家学者，回顾历史经验中的挑战，共论人类社会应对方略。首期课程于 2020 年 2 月 20 日在在线教学平台"雨课堂"播出，获得社会的热烈反响。从第二期开始，开放社交直播平台（微博、抖音、快手、哔哩哔哩）和主流媒体平台（央视频、人民日报、新华网），影响力扩大，以央视频为例，单场观看平均达 3.5 万人次。

"交小喵课堂"是由上海交通大学招生办面向全国居家学习的中学生推出的科普性趣味课堂，建起大学与中学的知识桥梁。2020 年 3 月 16 日首期课程于在线教学平台（ClassIn）和社交直播平台(微博、抖音、快手、哔哩哔哩)播出,全系列课程观看达300万人次。

2. 典礼活动

高校组织的重大活动包括校级典礼(如开学典礼、毕业典礼、校庆大会等)、学术交流(如国际学术论坛、青年学者论坛等)和校园文艺特色活动(如校园歌手大赛、运动会等),这些多种多样的活动要求高校直播团队能够灵活应对。

尽管高校典礼活动丰富多彩,但是核心是相似的,直播团队需要协助活动主办方对活动进行线上展示。整体直播流程大部分与在线教学类似,如图3-19所示。

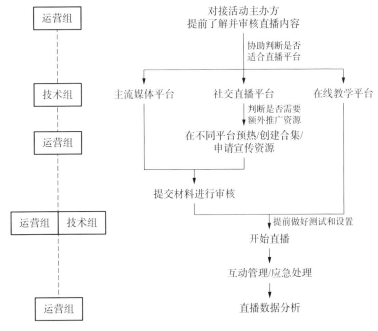

图 3-19 高校典礼活动直播流程及负责团队

运营组首先与活动主办方对接，了解活动流程、举办地点、主要参与人员等关键内容，审核是否存在不适合播出的内容，并选取适合的直播平台。之后技术组深入对接，必要时额外邀请校外专业直播团队来确保稳定性，部分直播平台也可能为直播技术提供支持。运营组提前发布预热内容，创建活动相关话题或合集，必要时申请宣传推广资源。主流媒体平台和社交直播平台还需要对重大活动直播进行报备审核，运营组需依据不同平台要求提交材料。在直播开始前，需要至少一次对所有直播平台进行测试，并确认互动功能是否可控。开始直播后，运营组和技术组需要全程对直播进行监控，运营组主要对观众互动进行审核，技术组主要应对紧急发生的技术故障。直播结束后，运营组及时收集并汇总直播数据给活动主办方，配合活动主办方完成总结、新闻稿等附加内容。

高校典礼活动直播典型案例包括"上海交通大学建校 125 周年'云校庆'系列活动启动仪式"和"武汉大学 2020 年毕业典礼"等。"上海交通大学建校 125 周年'云校庆'系列活动启动仪式"于 2021 年 4 月 10 日隆重举行，北京、上海、广州等城市地标线下同步展示形象宣传片，该启动仪式于主流媒体平台（新华网、央视频），在线教学平台（ClassIn）和社交直播平台（微博、抖音、快手、哔哩哔哩）播出，全平台播放量突破千万级，获多个平台首页推荐，相关多个话题登上微博热搜。"武汉大学 2020 年毕业典礼"于 2020 年 6 月 20 日举行，这是一场在特殊时期举办的一场云毕业典礼，典礼于主流媒体平台（央视新闻、学习强国）和社交直播平台（微博、微信、抖音、快手）播出，受到社会各界广泛关注和报道。

3. 其他特殊方案

（1）内容录播。有些情况下，某些活动因监管审核要求，需提前对活动完整内容进行审定以保证内容严谨无误，或是缺少能够实时多机位直播的硬件条件，可以考虑通过录播的形式，即提前将活动内容完整录制下来，使用OBS等软件直接将视频推流到各个平台，在预定时间以播放视频的形式进行直播。但录播直播的方式给予观众互动反馈的真实感较低，因此，非技术原因和监管原因，不建议使用录播代替真实直播。

（2）双语同传。某些重大典礼活动会要求增设海外直播平台（如Facebook、YouTube），需要对视频流进行额外处理，例如有延时直播、同声传译等不同于国内常规直播的要求。这一情况需要提前与运营组和技术组沟通，在直播同时使用另一台电脑设备，通过正常拉流到OBS软件，进行同声传译或延时推流的操作，再统一推流至海外直播平台。

（3）手机直播。对于某些具有实时展示性质的活动，例如社团百团纳新等，无法通过固定机位向观众展示的情况，可以通过手机直播实现类似现场采访的效果。该类直播通常仅在单一社交直播平台播出，可以利用平台自带直播软件进行，该类直播更具互动性，主播可以应观众要求进行走动，也可以在直播过程中使用平台自带功能进行抽奖以提高互动水平。手机直播门槛较低，通常运营组可以独立完成。需要注意的是，建议使用移动拍摄设备稳定器，在直播同时需要额外安排至少一名运营组成员对互动交流区的内容进行审核。

第18式 智能媒体

人工智能数据，升级媒体传播

网络的变革一定程度上影响着新媒体的发展与变化，高校新媒体建设实践也面临新要求。近年来，人工智能（Artificial Intelligence，AI）和大数据技术（Big Data Technology）快速发展，已广泛深入地应用于新闻采编、内容发布、数据采集、评估反馈、全媒互动等环节，其核心的程序和产品在生活中随处可见，使传播方式更为多元，对新媒体传播发展带来技术助益和更大挑战。目前，国家科技创新力和网络竞争力是公众关注的两大焦点，大力发展人工智能已经成为全球共识。

一、新技术对高校新媒体传播普适方向的影响

1. 精准高效的数据支撑与分析处理

随着网络科技的普及与发展，我们已经进入"大数据"时代。复杂庞大、非结构化的数据来源广泛，不仅有本地的文档、音频、视频，还包括了网络内容和社交媒体的产物。新媒体的多平台、快传播、丰内容特点，对数据采集和分析的要求大大提高。大量数据在一定程度上可以反映社会现象，具有极高的科学研究和社会应用价值，然而传统的人工处理方式效能低下，大数据技术的出现，有助于提升其计算能力。

2. 多维快速的语音与图像识别

近年来微信公众号数量持续增加,但增长率降低,图文打开和分享率也呈下降的趋势,虽然文字和图片仍是手机端最主流的资讯形式,但视频类和音频类比例迅速上升,短视频更跻身第一阵营。特别是智能手机的升级和普及,人人都可以十分便捷地生产和获取视频音频内容。但从新媒体角度来看,视频音频制作、传播、审核等都比图文更加复杂,依靠人工智能和大数据的算法,可一定程度上提高识别效率和计算精确性。

二、新技术对高校新媒体平台育人载体构建的影响

在融媒体环境的快速发展趋势下,新媒体平台作为高校宣传工作和思政教育的重要阵地,同样面临着人工智能与大数据带来的机遇与挑战,主要集中在以下几个方面:平台运营机制建立、内容供给转变、技术革新挑战和传播方式变革。

1. 运营策略机制的建立

对新媒体平台运营而言,其发布频率、时间等均对传播结果有一定影响,通过后台大数据的记录,可分析出受众打开页面的渠道来源。以上海交通大学官方微信为例,全年的发布频率为365天,每日更新,通过订阅号对话框打开内容的人群比例为52.74%,个人社交链同样是资讯传播的重要渠道,其中朋友圈渗透率最高,通过朋友圈分享打开的人群比例为61.98%,其他主要通过好友分享、看一看、历史消息页来打开推送,因此可推断,优化订阅号界面信息尤为重要,可从标题和封面首图下功夫。发布时间集中在上午11点左右,固定的推送时间,可培养

粉丝阅读习惯,增加黏度,从而形成长期的互动规律。

2. 内容供给模式的转变

以上海交大为例,内容供给模式发生本质转变,从单向输出转变为基于大学生需求出发的互动模式,聚焦于点、精准定位,策划生产高热度和重内涵的选题。通过数据分析统计,上海交大一年 10 万＋推文超 20 篇,词云显示主题围绕在招生、校庆、校情、榜单排名、典型个体等,此类话题较能激发师生校友凝聚力。积极研究把握新兴媒体发展和传播规律,以内容建设为根本,打造融媒体产品,将校园推送入深、落小、做好,在生动的内容中潜移默化地实现价值引领。

3. 传播方式渠道的变革

从单一性转变为交互性、体验性,主观性转变为客观性、科学性。不再是传统地把内容单方面灌输给受众,其重中之重是实现与受众的互动,同时接收反馈用户的需求信息。大部分平台均可根据用户的后台浏览大数据,精准测算出需求和偏向,从而进行不断优化地精准推送。传播渠道也不再局限于高校自有新媒体平台,而是校内矩阵和校外主流媒体联动传播,实现其影响力增益。

三、新技术在新媒体传播中的应用策略

1. 指导个性化选题的智能生产

相对于微电影、Vlog 播客等媒体形式来说,短视频具有生产简单化、内容碎片化、传播即时化和分享社会化的突出特点。在新媒体生产中,热点是第一要素,既要追热点、蹭热点,还要造

热点。在大数据时代,能快速精准地获取热点趋势,如基于微博发酵的"官宣"案例,高校也纷纷响应,蹭网络热点表达各自的观点,及时挖掘高契合度选题。如浙江大学官微发布【这才是,官宣】,介绍中国成功研制出原子弹的消息以及相关校友信息;上海交通大学官微发布【无需官宣! 交大伉俪携手,一门7博士】,呈现百岁伉俪的人生。同时,重视视频异军突起的现象,走出文字依赖模式,充分发挥视觉感知作用。

2. 促进后台数据库的科学分析

比起"个人经验"和"直观感受",数据的多维特性支撑了细分研究和深度解读。在人工智能和大数据的技术助力下,高校网络平台建立了强大的数据支撑,如各类榜单、排名,粉丝分布、发布时间、发布频率、传播峰值、用户属性等一目了然,帮助纵向分析,在此基础上可以更科学地优化运营机制策略。同时也可以通过其他高校的数据横向分析,破解同质化瓶颈,建立自身品牌标签,提升核心竞争力。以上海交通大学为例,官方微信的粉丝集中在师生、校友和家长等圈内人群,选题倾向校情校史、热点资讯等,而官方抖音30岁以下的受众占85%左右,内容更倾向年轻化、便捷化。

3. 改善新媒体受众的应用体验

人们熟悉的新闻媒体行业是集策划、采访、编辑、制作、导播、主持系列工作于一体的工种。2018年,搜狗与新华社联合发布了全球首个仿真智能AI主持人,具备唇形合成、语音合成、表情合成以及深度学习等多项技术,有较高的真实度和表现力,并且具有以下特点:①数据处理能力高效精确;②工作能力稳定持续，不受时间、地点、环境等影响；③功能服务完善先进，虚拟主播的信息来源不仅是已知输入的资讯数据库，还能收集整个互联网空间中的相关信息。由上海交通大学发起和主办的全球华语大学生短诗大赛，第三届时便引入了百度智能机器人"度秘"参与写诗，以人工智能庞大精准的数据库创作诗歌，增加了比赛的科技感、趣味性和时代特征。

2023年12月，上海交大融媒体中心推出数字人主播（图3-20），首次尝试以虚拟数字人播报新闻、融合宣传，这是上海交通大学推动高校科研成果落地转化、打造教育传播新范式的生动案例。这位"虚拟主播"形象来自研发团队的一位硕士研究生，由上海交大自主策划、研发和训练，集多种人工智能生成技术打造而成。除了播报高校新闻动态，数字人还可以为学生提供个性化、互动式的学习体验，例如打造虚拟数字讲师、创设

图3-20　虚拟数字人主播

AI 课程场景。团队也在不断打磨交大数字主播的 IP 形象,持续向社会各界传递交大声音、讲好交大故事。

4. 提升新媒体渠道的传播效率

AI 和大数据技术主要通过数据反馈来提升新媒体的传播效率。目前,网络媒体主要通过以下三种方式给公众发布信息:第一,根据点击量、关注量、点赞量等筛选发布资讯;第二,根据定向推荐或每日精选等方式发布;第三,用户自主搜索。借助人工智能技术可以记录受众的行为,为不同群体构建不同的专属图表,后台收集分析这些数据后,再正反馈给受众所"需要"的信息,将之优先推荐给受众,提高传播的精准度和效率。同时,依托媒介融合的学科实验室,关注各种智能硬件的应用,包括虚拟现实(VR)、可穿戴设备等,推动技术创新,通过"新媒体+多终端"的组合,为技术应用提供相应的保障。

4

互 动 篇

HUDONG PIAN

线上线下齐发力

全球视野展风采

第19式 气象万千

变换语言风格，赋予内容人格

经过长时间的运营，新媒体会带有明显的特质和风格。其实，每所高校的新媒体，运营到最后，都可以拟化成一个人，即新媒体具有了人格化的特征。人是有情感、有人文、有温度的，有自己的性格、语言、作息，甚至"脾性"。这样的新媒体，被外界感受下来，就不再是一个冷冰冰的机构，不单单是一个宣传思想的文化阵地。

当官微拟人化的时候，需要根据受众的不同，以不同的身份来对外发声，因此语言风格上也需要因事而变。有的时候，她是一个新闻发言人，讲求严肃认真、客观准确；有的时候，她是一位长辈，向全球交大人隔空喊话，欢迎校友回家；有的时候，她是一位老师，关心、关怀远离家乡的莘莘学子；有的时候，她是一位好友，以朋辈的身份，在朝夕相处中潜移默化地影响着你；有的时候，她是一位摄影师，把最美的风景定格呈现；有的时候，她是一位记录者，用校园里的平凡大爱、点滴感动去感染更多的人；有的时候，她是一位"兄弟"，与友校开展互动，增进友情；有的时候，她是一位科学家，向世界展示最前沿的科技成果；有的时候，她是一位哲学家，把校园里的一草一木，诠释为人生哲理；有的时候，她是一位讲述者，为师生讲述校园里人物事迹、故事、大学文化等;有的时候,她还是一位倾听者,记录师生心声,反映师生呼声,关切每一位交大人……

当新媒体逐渐走进师生的视界和内心,她慢慢地具有了人格,她以自己特有的语言风格,被感知、触摸和体验。交大新媒体在运营上秉持守正创新,语言有的较务实、有的较简短、有的紧跟热点、有的网言网语,标题和内容相关且吻合,都是希望能在海量的网络推送中吸引读者的关注,最大限度地助力展示出活动本身的精彩,宣传好交大,提升学校的声誉。

一、角色:新闻发言人

在此环境中,官微担当的角色是学校的新闻发言人,将学校重大政策、重大改革、重大活动、重大突破、重大成就等向社会进行及时发布。这类包括权威发布、第一发布、受权发布等。全社会也非常自然地把官微当作学校的新闻发言人,认为其发布的信息具有公信力、影响力、引导力、传播力。

1. 上海交通大学 120 周年校庆公告

2016 年 4 月 8 日是上海交通大学 120 周年校庆,官微于 2015 年 4 月 11 日发布上海交通大学 120 周年校庆公告,以新闻发言人的角色,向社会官宣此事,并号召师生校友广泛传播,因发文正式、事件厚重、平台权威,迅速获得刷屏式转发,突破 10 万＋阅读量。

值兹佳日,诚邀寰球历届校友,会集校园,以志庆贺;切盼社会各界人士,莅临盛举,与世尽欢。旧雨新知,寻根溯源,嘉礼何其乐;恩师爱徒,抚今追昔,友情弥足添。襄大业,绘宏图,尽显腾飞之象;续辉煌,追梦想,且呈灿烂之端。

2. 一图看懂! 上海交大第十一次党代会报告

党代会报告内容详尽,篇幅较长,如何通过新媒体方式给受众快速传达和让他们获得较好阅读体验?官微尝试了用新颖、简洁、明了的长图方式,一图看懂党代会报告的要点内容,包括工作回顾、经验体会、发展思路和奋斗目标、战略与主要建设任务等,既方便读者高效撷取报告信息,又方便信息交流传播。

二、角色:母校

在校庆节点,新媒体往往会扮演母校角色,欢迎校友回家。

如【世界上最幸福的事莫过于:我等你,你来了!】。2016 年 4 月 9 日,上海交通大学 120 周年校庆第二天。刚刚过完 120 岁生日的母校,通过官微对全球交大人表白心声。就像是一位 120 岁的母亲,过生日,大家回来看她,她很幸福。她把这种幸福用母校的语言告诉每一个人:我等你,你来了!

又如武汉大学校庆时也通过新媒体平台发布了【欢迎回珈!武汉大学校友免预约步行入校通知】等内容,及时告知校友回母校方式,暖心又走心。

三、角色:家长

在寒暑假来临之际,新媒体又会扮演家长角色。

如【你们都放假了! 但他们永远没有……】【[紧急]上海交通大学十一长假特别通知!】【@交大人|国庆去哪里,既小众又便宜?】。

这三个案例都有一个较为鲜明的时间节点——放暑假或放小长假。一到放假，家长最担心的还是孩子的安全。这时候，官微变成了家长，千叮咛、万嘱咐，一定要注意安全。但只是简单地说教是不能达到效果的，"孩子们"也听不进去。所以，"家长"的安全教育换了形式，起到了意想不到的效果。

第一个案例，把安全拟人化为"安安"和"全全"两个人，以同学们在假期中可能会遇到的危险为场景，以"安全"永不放假为寓意，教育同学们注意假期安全。

第二个案例，在十一小长假来临前，官微以"紧急""特别通知"这种出其不意的形式，让同学们以为是盼了很久的"小长假是不是出现什么意外情况"，点击阅读看到的只是"平安"二字渐大重复出现三次。特别的时间节点，特别的语言，特别的形式，让同学们一下子记住了"母亲"的嘱咐。

第三个案例，学校盘点了校内开展的各类学生社团等丰富内容，提醒大家长假特殊时期可在校度过，活动十分丰富。推文正文只有"学校"二字，以调侃的语气回应标题的问题，点击展开之后，可以看到完整详细的安排，这样设计既体现了新媒体的新颖特点，也有充实的图文介绍，就像一位操心的"家长"，用心给孩子交流假期的安排。

四、角色：命题老师

有时候，新媒体又会扮演命题老师角色。

如［校庆倒计时 120 天］据说 100% 交大人都被这道题难倒了……］。在这个案例中，官微是作为命题老师出现的。在

120 周年校庆倒计时 120 天之时,官微出了一道题,并在标题中"卖关子"——这道题所有交大人都被难倒了。阅读之后才发现,原来是把交通大学 120 年沧桑历史和辉煌成就如数家珍,串成一道加法题,所有数字加到最后正好是 120。题目本身比较简单,只是创意让人意想不到。

又如【真爱度测试|交大这些"隐秘的角落",你能猜出几个?】。推文里呈现了一些学校里的场景细节,有的是每日经过却不曾驻足的花园小径、有的是晨雾朦胧的林间树影、有的是百年建筑的窗台光影,用点击空白查看答案的方式,给读者留了些悬念和趣味。有的粉丝还留言"原来是这里,每天经过都没有认真欣赏,下次一定要更用心了解我们的美丽校园"。

第20式　以情动人

小屏幕大故事·打造文化套餐

第19计谈到了新媒体要根据受众、发布内容、角色定位等的不同，适当进行角色转换，要具备不同的语言风格，这样才能成为一个"有血肉""有温度""有情怀"的新媒体。经过长期的实践，我们发现，无论角色怎么转换，一个受众喜欢、广受认同的新媒体，它一定是会"讲故事"和"做套餐"的。

一、怎么通过新媒体讲硬核故事

新媒体为什么要会"讲故事"？因为"讲故事"是一种更高水平的传播，也是一种更高水平的互动，代表着新媒体运营的软实力。国家在对内对外宣传中，强调讲好中国故事。对高校而言，我们也一直在坚持践行社会主义核心价值观，努力讲好教育故事。

1. "讲故事"是实力体现

新媒体是做一个冷冰冰的新闻"搬运工"，还是做读者的朋友？这个问题是摆在很多机构化新媒体面前的一大难题。在新媒体与自媒体共舞的时代，各种信息铺天盖地，机构化新媒体，包括政务新媒体，都在与时间赛跑，争着抢头条，主打的是"短平快"信息，而在深耕细作上下功夫、做文章的并不多。人们所接收信息的海量化、同质化、媚俗化日益严峻，新媒体之间在硬实力上的比拼，悬殊并不太大。信源、速度、粉丝量、阅读量、转发量、点赞量等，是衡量新媒体运营的硬指标。而作为受众而言，他们对新媒体的认同与感知，更主要的是注重新媒体的情怀、风格、思想、温度，这些都代表着新媒体的软实力。新媒体小编要获得很强的"软实力"，在运营中必须要把会"讲故事"作为"必修课"。

2. "讲故事"是情感互动

有人说，"讲故事"是单向传播，怎么会有互动？从小到大，我们听过无数人讲故事，看过无数的故事书，有的故事让我们思考人生，有的故事让我们会心一笑，有的故事让我们黯然神伤，有的故事让我们焕发激情，有的故事让我们感动落泪……"讲故事"是情感互动、心灵抚慰和精神交流。一个会"讲故事"的新媒体人，总会把读者的阅读兴趣调动起来，因事而化、因时而进、因势而新，做到以文化人，以文育人。

3. "讲故事"是人之天性

喜欢听故事，是人的天性使然，受众也喜欢那些会讲故事的人，包括会讲故事的新媒体平台。同样，每个人、每个团队都是有故事的，大家既是倾听者，同时又是讲述者。在大学校园里，每天都有新的故事发生，师生都在书写和演绎人生故事。因此，在高校做新媒体，要做会"讲故事"的新媒体，深悉受众的阅读需求、阅读习惯、语言风格，讲受众喜欢听的故事。同时，新媒体平台也是一个倾听者，听老师们和同学们讲故事，然后把他们的科研故事、青春故事、人生故事、精彩故事通过新媒体展现出来。

如【〔演讲视频来了〕习近平总书记为他拉开椅子，这位交大校友，得到最高礼遇】。"两把椅子"完成了一个完整的故事链条。第一把椅子的故事讲的是2016年交大120周年校庆大会上，92岁的黄旭华院士应邀回母校演讲。考虑他年事已高，学校为他特备了一把椅子。他在演讲时，毅然推开了椅子，这个动作被官方微博主页君发现，第一时间发在了官博上，随后人民日报微博转发，一时间引起社会关注。第二把椅子，是习近平总书记会见全国精神文明建设表彰大会代表时，为93岁的黄旭华院士拉开椅子，请他一起前排就座。这个动作，体现了习近平总书记对共和国脊梁的关怀和尊重，又一次引发全社会的广泛关注。在宏大叙事视角下，采用"两把椅子"小切口来讲述这个故事，温暖、崇敬之情在字里行间流露，获得了好评。

二、如何拓展热点现象，打造高校套餐

有一段时间，民谣《南山南》和《成都》特别火，在高校掀起了改编热潮。随着新媒体传播平台的飞速发展，很多网络热点经蔓延迅速升级为一种网络文化现象。在高校，诸如大学版《南山南》《成都》等网络热点，经过改编传唱，已然唤起师生、校友的情感共振和母校文化认同。这种快餐式的基于网络文化现象产生的文化脉冲，给大学生网络思想政治教育以全新视角和创新实践。这一文化现象，我们称之为"快餐式"网络文化现象。

在实践中，我们意识到：快餐式网络文化正以非常迅猛的速度和态势被碎片化地推向时代浪潮，其中积极向上、充满正能量

的网络文化理应成为大学生网络思政的重要给养。全国思想政治工作会议上，习近平总书记指出，做好高校思想政治工作，要因事而化、因时而进、因势而新。要更加注重以文化人、以文育人，要运用新媒体新技术使工作活起来，推动思想政治工作传统优势同信息技术高度融合，增强时代感和吸引力。在此背景下，高校大学生网络思政更应顺应新媒体传播规律，借助网络热点和网络文化现象，不断推动网络思政和网络文化建设的内容和载体创新。

1. 网络热点缘何升级为文化现象

（1）高校改编《南山南》和《成都》的脉络分析。《南山南》原曲由民谣歌手马頔创作。目前全国已有至少80所高校加入创作高校版《南山南》的行列。这场让全国高校总动员的《南山南》改编接力，缘起于2015年11月6日下午，北京初雪，南京大学官方微博发布一条消息"你在北京的寒夜里大雪纷飞，我在南京的艳阳里四季如春"，这条微博一并@了北京大学和清华大学，还配上了南大晴朗天气和飘雪的北京两张图片。5个小时后，北京大学官方微博转发回复："如果天黑之前来得及，我会记住这跨越南北的美丽。"紧接着，上海交通大学跟上节奏，转发微博称"穷极一生，做不完一场梦"。就这样，高校版《南山南》开始有了雏形。浙江大学、华中科技大学、南开大学、四川大学、河海大学、重庆大学、哈尔滨工程大学、东南大学、西南交通大学等官方微博也相互问候，以《南山南》歌词或修改版歌词接力互动。与此类似，《成都》一引爆网络热点，立即引起高校接力改编。2017年2月4日，赵雷带着他的《成都》登上了热门节目《歌手》舞台。

充满乡愁的歌词和悠扬叙事的旋律,唤起人们内心强烈的共鸣。同年的2月9日,上海交通大学官方微信推出交大版《成都》,阅读量10万＋,点赞数2569,旋即在高校引发《成都》改编接力。

(2)乡土民谣与大学的天然合璧。从民谣发展历程看,在20世纪80年代,民谣的主要受众是高校青年学生和知识精英。作为一种青春、情感文化,民谣走进大学校园,并在20世纪90年代中期达到高潮。一直以来,大学校园是民谣生长的土壤,民谣对青年学子有天然的亲和力。"人世间最有吸引力的,莫过于一群活得很自在的人发出的生命信号。这种信号是磁,是蜜,是涡卷方圆的魔井。没有一个人能够摆脱这种涡卷,没有一个人能够面对着它们而保持平静。"民谣的质朴和草根情结以及淡淡的忧郁特质,从一开始就能触及人们内心最柔软的所在。因此,《南山南》和《成都》等民谣,伴随着热点发酵迅速蔓延至大学校园。大学之间争相接力改编,在本质上是对青春情怀的纪念和母校文化的心理认同。

(3)全媒体时代多元复合传播。同样一首民谣或校园歌曲,在传统媒体时代和新媒体时代的传播路径以及需要的时间截然不同。《南山南》和《成都》等"网红"现象之所以能被快速传唱,甚至接力改编,很大程度上源于全媒体浪潮的助推,这种传播是多元的、复合式的。快餐式网络热点处于传播阵的核心,几经聚变、裂变,形成一种强大的文化脉冲,不断刺激圈于常规的生活体验,从而呈现时尚立体代入感和久违于心民谣情结的强烈契合。这种观感和体验具有浓郁的时代特征,即全媒体时代背景下,草根、情怀、空灵与回归等诸多情感因素,在复合的媒介生态中得到全方位、滚动式传播，最终将"网红"文化热点，以一种较为便捷的路径转变为一种网络文化现象。在这一过程中，当被全媒体复合传播后的网络热点再一次进入大众视野，其便具有了文化符号的身份和文化现象的意义。

（4）迎合映衬喧嚣中的网民心理。不是所有的快餐式网络文化现象都能像《南山南》和《成都》一样迅速火起来，甚至很多网络文化现象永远停留在"现象"的层面，这与特定时期或特定时段的网民心理有很大的关系。在喧嚣繁杂的互联网时代，网民心理容易受很多因素的影响。从传播规律来看，《南山南》和《成都》等网络文化现象，恰恰契合了多数网民的心理特点。换言之，这些快餐式网络文化现象，通过旋律给网民们以莫大的精神抚慰和心理疏导。《南山南》和《成都》被广泛传唱和接力改编，是网民个性心理在虚拟网络世界和真实内心世界相互激荡的一种自我表达，也在悠扬旋律和飞速生活节奏交融中为网民群体描绘了一张带有浓郁时代气息的心理图谱。

2.《南山南》式网络文化现象的特质

（1）社会存在的文化印记。作为一种社会意识，每一种文化现象，究其本质必然是对社会存在的反映。一方面，与时代背景紧密相连，《南山南》式网络文化现象，以民谣乐曲为载体，根植于生活，取材于现实，反映社会不特定阶层和群体的某种情感表达。另一方面，特定文化本质与种属社会意识高度耦合，使《南山南》《成都》等网络热点，天然具有文化的特质与功能，恰恰反映了对当今社会喧嚣的一种相对独立的反作用。概括而言，《南山南》式网络文化现象，不仅仅是某种音乐题材的一时爆红，更是特定社会背景在意识和文化层面的现实观照。

（2）"网红"时代的文化清流。随着直播、短视频、虚拟现实等新媒体技术的应用和迭代升级，"网红"也日益成为人们关注和消费的群体或事物。时下的"网红"环境充斥着世俗、伪善、喧嚣、浮华、猎奇、色情、惊悚、暴力等不良文化槽点，与风清气正的清朗网络空间相比，这些不良元素汇积成一种文化负能。相反，《南山南》《成都》等网络文化现象，作为一种极具正能量的文化脉冲，在网络空间形成一股"文化清流"。它不仅带来清新的艺术格调，更是一种精神文化，通过一段段民谣的传唱，唤醒人们心灵的碰撞和情感的共鸣，恰恰切中了社会公众的文化脉搏。

（3）作为符号的文化快餐。无论是《南山南》，还是《成都》，包括之后也会出现的类似文化现象，究其本质，均是作为一种文化符号或文化元素而呈现的。《南山南》的热度只持续了3～4个月，影响较大，各个行业争相改编传唱；《成都》的热度持续时间更短，大约3个星期。以上海交大版《南山南》和《成都》为例，如图4-1、图4-2所示，传播热度均持续了7天。类似网络文化现象，如"友谊的小船""蓝瘦香菇""小目标"等，热度均未超出1个月，甚至短则一周。

（4）平凡质朴的文化情愫。《南山南》《成都》等网络文化现象在价值选择上定位于表达生活。歌手在自我表达的过程中，发自肺腑传递一种能够引起强烈共鸣的情感——讲述平凡故事，直抒生活境遇。这些情感往往具有很强的穿透性和凝聚力，让生活在各处、又有不同阅历的人们在某一特定的时间尺度内，可以跨越时空建构起一种回归平凡质朴的浓厚的文化情愫。此

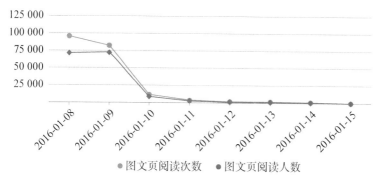

图 4-1　五所交大版《南山南》传播热度曲线

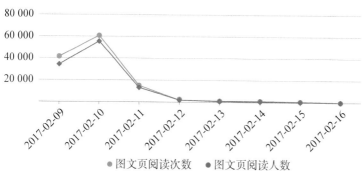

图 4-2　交大版《成都》传播热度曲线

类文化表现形式集通俗性与文艺性于一体,集传播力与影响力于一身,平凡而不落俗套,悠然清新而不饰以娇柔。

3. 对高校大学生网络思政的启发

(1) 培育大学独特、师生共鸣的"乡愁"文化。大学是人生中最美好的一段年华,大学也成为青年学子的第二故乡。像对故乡朴素的情感一样,每个大学生对自己的母校同样葆有一份"乡愁"。乡愁不仅仅是人对于家乡和曾经生活场景的持久的、深刻的、美好的、眷恋的心理活动，还有伴随着工业化、现代化的推进而极大地受到冲击的人们对于文化生活的记忆，这使得乡愁具有文化记忆的功能。对每个大学生来说，大学里盛满了太多的年华和故事。盘点各大高校版《南山南》和《成都》，改编的歌词中，出现最多的几个字（词）是"梦""故乡""青春""同学情谊"等。而歌词的叙事方式也有一大共通点：由景及人，由景及事，触景生情。大学版《南山南》《成都》等快餐式网络文化，把象牙塔里的一草一木，一亭一台，一楼一阁，一水一脉，师生情谊，同窗好友，青春历练，人生阅历……通过音符和旋律，谱成一份让人无法消解的"乡愁"，勾连起几代大学生关于母校的共同情感。比起说教式、经验式教育，这种情感渗透源自内心，最朴素、最真挚也最具感染力和穿透力。正如余光中先生在《乡愁》中写道的："小时候，乡愁是一枚小小的邮票，我在这头，母亲在那头……"而在很多已经走出高校的人士看来，"毕业时，乡愁是一个个脚印，我在这头，母校在那头；毕业后，乡愁是一缕缕回忆，我在这头，母校在那头……"有校友在学校官微上留言：毕业多年，心里对母校一直装着一份沉甸甸的"乡愁"，从来不需要记起，一直也未曾忘记。

（2）挖掘快餐式网络现象"以文化人"功能。毋庸置疑，各种"网红"现象层出不穷，让人应接不暇。这些现象本身没有直接的教育意义，但当挖掘它们背后的要素，特别是使之成为网红，同时具有社会正能量的网络现象背后的载体时，它们便从一种快餐式的现象转化为一种快速消费的网络文化，并具备了文化育人的功能。以人为本是育人的前提。以文化人与以文育人一脉相通、相辅相成。习近平总书记在全国思政大会上指出，思想政治工作从根本上说是做人的工作，必须围绕学生、关照学生、服务学生，不断提高学生思想水平、政治觉悟、道德品质、文化素养，让学生成为德才兼备、全面发展的人才。这是高校网络思政的根本所在。快餐式网络文化所带来的文化脉冲，自然地契合了网络思政的主题和使命。

（3）推动快餐式网络文化与思政教育之间正向转化。德国著名哲学家雅斯贝尔斯说："真正的教育是用一棵树去摇动另一棵树，用一朵云去推动另一朵云，用一个灵魂去唤醒另一个灵魂。"在网络思想政治工作中，要从海量快餐式网络文化中捕捉真正接地气、师生喜闻乐见的灵感，主动创作具有原创性、生命力和感染力的作品，推动网络文化的正能量传播，让网络文化元素主动融入思政教育现有工作体系，与传统思政教育模式无缝衔接，甚至推动传统思政教育模式因事而化、因时而进、因势而新，从而实现快餐式网络文化与思政教育之间的正向转化，使师生在经意或不经意间浸润心灵，反刍生活，理性思考，增进认同，升华情感，以达到回归教育本质之目的。毫无疑问，蕴含社会主义核心价值观、经过精心打磨的原创网络文化，无论是经典流传的，还是稍纵即逝、昙花一现的，对青年学子的启迪和教益，却往往都是触及灵魂、刻骨铭心的。

（4）赋能快餐式网络文化推动网络思政供需动态平衡。青年学生在哪里？网络思政的阵地就在哪里。然而，长期的思政教育实践证明，思政教学与青年学子的关注焦点往往并不能同频共振。无论是大学生在线、BBS，还是易班、人人网、开心网、飞信、QQ校园等网络社交平台，仅能一时吸引青年学生驻足，无法让他们乐之好之，其根本原因在于无法较好地解决网络内容有效供给问题。换言之，网络平台所呈现的网络产品，短期内容和形式的创新，根本无法与学生迅猛增长的网络需求相匹配。千篇一律的内容供给，与青年学生的需求导向也相形渐远，因此，作为供给方的网络平台，BBS早已淡出视线，人人网、开心网、飞信等网络社区化平台，接连被市场机制所淘汰，这是网络思政长期供需失衡导致的必然结果。为快餐式网络文化赋能，需要坚持需求导向，兼顾供需平衡，力求让每个青年学生都成为网络文化的生产者、供给者，同时又是网络文化产品的参与者和消费者。基于此，每个人都是网络文化的供给者和消费者，使每个网络文化元素，包括诗歌、网络文学、微视频、公益广告、校园民谣、书法、篆刻……每种单一网络文化形式，都能在互联网平台上活跃起来。

第21式 线上线下
借力城市地标,凝聚高校力量

交大新媒体团队曾获得解放日报、上观新闻颁发的新媒体"最佳传播奖",我们的获奖感言是:做新媒体就像培育一朵朵昙花,虽然只有 0.01 秒的绽放(0.01 秒吸引人们点开阅读新媒体内容),但她足以温暖岁月,惊艳时光。做新媒体,就像跟网友见面,虽然未曾谋面,但为了心中的约定,为了这一刻的等待,她足以让我们盛妆以往,全力前行。

一、线上创意互动

的确,做新媒体超过 90％ 的运营都是基于在线的,这仅限于新媒体与读者、粉丝的关系。其实新媒体策划、采编、推送等很多工作都是在线下完成的。如制作一期"双 11"的选题,我们需要提前三周开选题会,反复讨论创意和推送方案。最后创意点我们选了两个,一是"在交大,每一次当爱在靠近";二是"双 11"网购陷阱提醒。

【在交大,每一次当爱在靠近】故事是男主角、女主角每天都经过同样的地方,看过同样的风景,在同一张座椅上阅读,在同一块草坪上享受阳光,最后同撑一把伞走在一起,取的是"每一次当爱在靠近"的创意。第二个选题是提醒师生"双 11"网购陷阱。推送方案是"双11"前一天，推送网购陷阱，对师生进行必要的网络安全提醒。"双11"当天，以"当爱在靠近"为主条，重磅推出。选题和推送方案确定了，我们同时成立了两个项目组，同步开工。最后，两个选题推出后，在校园里都形成了刷屏效应。

在新媒体前端，受众看到的只是一篇图文，而在线下，每个选题都有一个很长的生产过程，背后都凝聚着小编无数的辛劳和付出。

二、线下活动凝聚关注

另外一种线下活动也是特别重要的，那就是与读者、粉丝的线下互动。重大活动展板或地推方式对新媒体传播的作用和意义主要表现在以下几个方面。

1. 提升城市形象和品牌价值

通过在城市中心地带设置大屏幕，展示学校的历史文化、学科建设、人才培养、科研成果等内容，可以吸引更多人的目光，提高学校的知名度和美誉度，进而提升新媒体的品牌价值和形象。

2. 增加用户黏性和互动性

通过在大屏幕上设置互动内容，如抽奖、投票、打卡等，可以吸引更多用户的参与和互动，增加用户的黏性和互动性，提高用户体验满意度。

3. 增强品牌曝光度

通过在重大活动现场设置展板或开展地推活动，可以吸引更多人的关注和目光，提高品牌的曝光度和知名度，进而促进品牌的发展和壮大。

4. 引发用户参与和互动

通过展板或地推活动,可以吸引更多用户的参与和互动,如打卡、抽奖、签到等,进一步增强用户的黏性和互动性,提高用户的参与度和忠诚度。

5. 增加社交媒体话题热度

通过展板或地推活动,可以引起用户的关注和讨论,进而产生更多的社交媒体话题和互动,如在迎新、校庆等重要节点,引导用户线下拍照打卡、发布评论等,从而进一步增加新媒体账号的曝光度和话题热度。

6. 促进新媒体传播

通过展板或地推活动,可以为新媒体传播提供更多的素材和内容,如现场照片、视频、用户评论等,进而促进新媒体传播的发展和壮大,提高品牌在新媒体上的曝光度和影响力。

【[粉丝福利]迪士尼开园,交大官微送票了】属于借势宣传和粉丝互动结合的典型案例。2016 年 6 月,迪士尼乐园开园。一时间成为一个社会热点。人们争相去迪士尼乐园畅游,迪士尼门票也是一票难求。官微抓住这个社会热点,既"借船出海",又回馈粉丝,邀请幸运读者一起游览迪士尼乐园。"被人牵挂的人是幸福的",新媒体线下活动就是营造一种氛围,让网友和粉丝有被官微记挂的感觉。事实证明,这种互动是有效的,不仅增加了官微粉丝的黏性,还可以带来关注量的大幅增加,也为官微积累了良好的口碑。

又如【[感恩节]你好,我想给你一个拥抱】,设计了与粉丝的线下见面活动，是新媒体互动常用的形式。感恩节当天，我们利用同学们中午下课时间，在同学们用餐比较集中的食堂外面，依托南洋通讯社，开展了一个拥抱粉丝的活动。活动前一天，我们通过官微发布了消息。活动当天，官微小编和南洋通讯社的小伙伴来到现场，不少粉丝也特意赶过来，与小编们拥抱，一起讨论近期推送的图文。在寒冷的冬天，一个小小的拥抱，或许并不能带来多少温暖，但是拉近了小编与读者心与心的距离。

每年毕业季，学校都会策划和发布系列主题内容，包括毕业晚会、毕业集市、原创 MV 等，在线下地标也会有祝福语点亮环节，祝福学生前程似锦。近年来，学生自发组织去打卡点拍照，为青春留下美好记忆，交大新媒体平台也是及时跟进，拍摄记录珍贵影音资料，发布了【专场霸屏！最闪耀的礼物，外滩再次为交大点亮】【今夜，交大的年轻人，闪耀外滩】等推文，第一时间整合发布，让师生们的母校情结在关键节点有的放矢，也通过这种新颖的形式与城市共生互动。

第22式 情深友于
友校携手同行，业界共促成长

做新媒体，上海交大一直保持开放、互动、共赢的态度。我们一直认为，新媒体不能只仅仅局限在本校"独乐乐"，要与兄弟高校新媒体同仁一起"众乐乐"，还要紧跟行业步伐，和新浪微博、腾讯、今日头条等新媒体领军企业一起融合互动。我们非常重视跟兄弟高校的互动。每年平均有 20 多所高校到上海交大来交流新媒体运营，大家在相互学习中，找到合作互动主题，共同提升新媒体运营水平。

在高校"朋友圈"，借助新媒体平台，上海交通大学开创了校际互动的新模式。实践下来，校际互动要把握好以下几个方面。

一、互动主题要明确

官微的校际互动，对外代表的都是学校。涉及不同学校间的互动，要精心策划，最好是要有明确的主题，体现高校的交集和特色。例如，我们曾和哈佛、剑桥、麻省理工、北大、清华、天大、浙大、复旦等高校互动，都是在 120 周年校庆的大主题下展开的。和具体每所高校的互动，又有一个小主题，例如和北大互动的小主题是"时光未老，青春不散"；和清华互动的小主题是"水木年华，一生有你"，和天大互动的小主题是"交大的事，天大的事"等。据统计，上海交大 120 周年校庆期间，我们以"和你一起，做更好的大学"为主题，和来自 10 个国家、100 多所高校热情互动，全球有约 1500 万网友参加了互动。

二、互动内容要沟通

校际互动体现了官微的运营水平，当然难度也非常大。除了互动的主题要策划好，互动的内容也需要反复沟通，充分酝酿，贴合两校实际和特色，这样才能赢得互动高校师生的共鸣。为了保证互动的效果和互动内容的准确性，互动周期会比较长。例如，我们和剑桥大学的互动，是官博小编通过新浪微博私信剑桥大学官博，等待对方回复消息，取得联系后再相互沟通发布内容，前前后后持续了三个月。和清华、北大的互动，大家看到朋友圈刷屏的只是一条图文，背后的故事却有很多。从互动策划到最终推送跨时长达半年，先是党委宣传部部长胡昊老师与清华、北大的党委宣传部部长沟通互动主题，达成互动意向；然后，负责新媒体的老师就互动主题进行了具体对接。其间，小编们反复斟酌文案，核对校史史实、历史渊源，比选两校有交集、相契合、合适的人物、风景、人文照片。仅一个小小的标题，都要反复修改一周时间。推文内容的准确性、话题性、共生性决定了校际互动的质量和水平。

三、互动方式要灵活

从互动方式上，没有固定的比较统一的模式，可以是"隔空对话"，可以是"话题接力"，也可以是"跨洋表白"，还可以是"历史穿越"……互动的载体也比较灵活，可以是微博，也可以是微信，可以微博、微信并用，还可以是"海外传真"。如上海交大120周年校庆，我们和哈佛、牛津、麻省理工的互动，由于这些国外一流大学使用的社交平台是"脸书"，沟通发布的平台与国内不一样，所以我们把上海交大120周年校庆的Logo、纪念品，通过跨洋快递寄给在这些大学读书的交大校友，然后由校友跟这些大学的老师和学生沟通，在学校标志性建筑前拍照表达祝福。与100所高校的互动，绝大多数是微博互动，也有不少高校，如北大、天大、浙大、四川大学、东北大学、电子科大、北京交大、西南交大等高校通过微信互动。无论是采用什么样的互动方式，只要主动设置议题，找准高校契合点，带动师生广泛参与，引发情感共鸣，起到理想的互动效果，这样的互动就是成功的。

四、互动要形成品牌

从实践来看，很多高校的互动往往针对单一主题，如校庆、情人节、元旦、中秋等有较强时间节点，或如社会上有《南山南》《成都》等网络热点时，高校参与和互动的积极性比较强。换言之，目前高校的校际互动具有偶然性和节点性，没有形成良好的机制。原因在于：一是互动议题比较难设置；二是高校间的互动代表校方，必须比较谨慎；三是互动策划不好，或者互动内容组织不好，容易引发争议；四是互动要保持高水平，创意要新颖、角度要巧妙，如果仅仅为互动而互动，很快就会形成审美疲劳。在上海交通大学，我们以官方微博为载体，形成了一个长期的、可持续的互动机制。

例如,我们建立了"清晨那么美,约你来晨读"的网络文化品牌,让国内外 30 多所高校都参与进来,大家分享一句名言,或者一个微故事,或者一张老照片,或者一个晨读的短视频等,让更多的青年学生被梦想唤醒。全球百万青年学子参与,话题总阅读量达 1.3 亿人次。

又如【上海交大 & 清华大学,复制粘贴般的优秀!】。因突发"先天性峡部裂"引发腰椎滑脱,于 2020 年高考前休学,却又在 2021 年考入清华大学未央书院,她就是以努力换幸运的"励志女孩"周怡冰,她的成长故事感动了万千网友;而她的双胞胎姐姐周怡清,也通过优异的成绩录取至上海交通大学,在充满挑战的 IEEE 试点班就读。两姐妹"复制粘贴"般的优秀,并没有因为疾病而阻隔,对梦想的执着追求让她们意气风发,如涓涓细流越过戈壁大漠,穿过鲜花草原,最终奔流入海。此条互动推文参照落实了主题明确、内容沟通、方式灵活的原则,两校充分交流商讨细节,并于同一时间在官微推出,形成聚合传播效应。姐妹花的求学事迹,获得人民日报、新华网等头条转载,也鼓励感染了万千网友,"少年强则国强""为两姐妹点赞,携手同行再写新篇章"。

另一个案例是中国大学生在线发起的互动话题。2021 年是中国共产党成立 100 周年,百年风华,青春正茂,人才辈出,与国同行。中国大学生在线联动百所高校发起网上接力互动,传承红色基因,讲述党史故事,百校行动,掷地有声。上海交大积极响应,以党史故事为重点,挖掘红色文化育人资源,拍摄发布主题 MV《那个少年钱学森》,讲述学长"五年归国路,十年两弹成"的求学和爱国故事。联合策划、排摸线索、商定脚本、高效摄制,在前期的充分准备下,片子和推文一经发布,迅速获得好评,以青年人的视角介绍钱老在交大求学的细节点滴以及归国报国的真切决心,为传统文化赋予了新的呈现方式。结合大学生在线的互动策略,与其他兄弟高校网络"喊话",增加了内容的品牌性。

第23式　**兄弟同心**

重要节点发力，形成集群态势

这里的"兄弟同心"，具体是指五所交通大学——上海交通大学、西安交通大学、北京交通大学、西南交通大学、台湾新竹交通大学（现名为台湾阳明交通大学），五所交大，同根同源。2016年，五所交大迎来双甲子华诞，五所交大也进行了历史上首次共同庆祝120岁生日，联袂打造"国家名片"。另外，还有C9高校的研讨和篮球赛等主题互动。

在与全国兄弟高校的互动中，我们特别注重五所交通大学之间的互动。五所交大专门设立了12个共同项目，推进120周年联动联庆工作，其中1个项目就是成立交通大学新媒体联盟。与其他高校互动不同，五所交通大学的互动，我们更注重以下几个方面。

一、情感互动

120周年，对五所交大来说，是一个继往开来的非常重要的时间节点。互动要凝聚起全球交大人共同的自豪感、认同感和使命感，这是互动的主旨。情感互动是最高层次的互动，也是难度最高的。策划的选题既要体现交通大学的历史、办学历程、学校特色、辉煌成就，又要体现兄弟情谊，能够引起师生共鸣。

二、话题互动

话题互动是情感互动的载体。我们通过精心策划一系列话题，来保证情感互动的质量和水平。如2016年元旦，在新年伊始，我们官微推送【@五所交通大学，这是我们共同的2016!】。文章一经推送，立即引起社会关注。再如，2016年2月6日，农历春节来临之际，我们写了三副春联，通过官微推出，呼吁五所交大一起贴春联、过大年。以传统文化的形式，应景过年的氛围，唤起了交大人强烈的共鸣。

三、接力互动

只有话题互动还不够，还要有接力互动。《南山南》成为网络热点的时候，高校纷纷推出高校版《南山南》。几所交大心有灵犀，借120周年校庆，纷纷推出了五所交大版的《南山南》，伴着悠扬的吟唱，把百廿交大唱给彼此听，唱给全社会听。虽然每所交大的填词不一样，但表达的心声是共通的。

四、目标互动

如前文所述，五所交大有着不同的历史特质，不同的发展特色，不同的文化底蕴，找到互动的共同点并非易事，但是五所交通大学都有一个"世界一流"的梦想和目标。建设世界一流大学和一流学科，是党中央、国务院作出的重大战略决策。2015年10月，国务院颁布《统筹推进世界一流大学和一流学科建设总体方案》。2016 年，"双一流"成为高校中热度最高的话题。在【@五所交通大学，这是我们共同的 2016！】一文中，我们呼吁，在实现"中国梦"和中华民族伟大复兴的进程中，五所交大，同心同德，共同冲击一流，大有作为。

如【@五所交大，一起贴春联过大年】【五所交大版《南山南》，把百廿交大唱给你听】【[花好月圆]愿五所交大天涯共此时】等选题，在中秋、新春等团圆的日子，我们总会想到远方的兄弟——西安交大、西南交大、北京交大、新竹交大，总会想到："但愿人长久，千里共婵娟，每逢佳节倍思亲。"通过一起贴书法春联，回顾校庆携手同行的事宜，策划改编歌曲，增进联动友谊，集中传播交大声音。

第24式 独具匠心

利用话题互动，设置内容问答

一、微信选题互动的意义

微信选题互动是指利用微信平台进行选题互动，通过用户投票、留言等形式，让用户参与到选题过程中来，从而增加用户对内容的参与度和满意度。微信选题互动的意义如下。

1. 提高用户参与度

通过微信选题互动，可以让用户参与到选题过程中来，用户可以根据自己的兴趣和需求，选择自己感兴趣的选题，从而更好地满足自己的信息需求。

2. 增加内容的可读性和吸引力

通过微信选题互动，可以提高用户对内容的关注度和兴趣度，从而增加内容的可读性和吸引力，让用户可以更好地理解和吸收内容。

3. 提高内容质量

通过微信选题互动，用户参与到选题过程中来，提高了用户对内容的关注度和兴趣度，从而促进内容创作者更加关注用户需求，提高内容质量。

4. 增加用户黏性

通过微信选题互动,让用户参与到选题过程中来,提高了用户的参与度和满意度,从而增加用户对公众号的黏性和忠诚度。

5. 提高品牌形象

通过微信选题互动,用户参与到选题过程中来,可以提高用户对品牌的认知和信任度,从而提高品牌形象和口碑。

综上所述,微信选题互动具有提高用户参与度、增加内容的可读性和吸引力、提高内容质量、增加用户黏性和提高品牌形象等多方面的意义,对于公众号的发展和用户体验都具有积极的作用。

二、微信选题互动的形式

选题互动时,微信推文与粉丝互动的形式和方式有以下几种。

1. 评论互动

粉丝可以在微信推文下方进行评论,与其他粉丝互动交流,也可以与公众号进行互动,提出问题、意见或建议等。公众号可以回复粉丝的评论,增加互动效果。

2. 投票互动

公众号可以通过投票功能,让粉丝参与投票活动,提高粉丝参与度。投票活动可以设置不同的主题和选项,让粉丝进行选择,同时可以在投票结果公布后进行回馈和互动。

3. 问答互动

公众号可以通过问答形式,与粉丝进行互动交流。公众号可以提出问题,让粉丝进行回答,也可以让粉丝提出问题,公众号进行回答。问答互动可以增加粉丝对公众号的信任感和黏性。

4. 活动互动

公众号可以通过举办线上或线下活动,与粉丝进行互动交流,增加粉丝的参与度和黏性。活动可以包括抽奖、签到、打卡等形式,让粉丝参与互动,同时也可以通过活动回馈粉丝的支持和关注。

5. 私信互动

公众号可以通过私信功能,与粉丝进行一对一的互动交流,增加粉丝的参与度和忠诚度。公众号可以回答粉丝的问题,提供专业的建议和服务,同时也可以通过私信回馈粉丝的支持和关注。

需要注意的是,不同的互动方式适用于不同的情境和目的,公众号需要根据自身的特点和目标,选择合适的互动方式,提高粉丝的参与度和忠诚度。

三、典型案例解析

1. 通过内容的创意和解析进行互动

高考时,考生们奋笔疾书,为未来而努力答题,在这全民关注的节点,我们也策划高校考卷选题,以校情校史题库为基础,选取一些难度适中、流传度广、趣味度高的题目,图文并茂地请读者选择,同时对正确答案进行阐释,软性地介绍学校的发展故事。父亲节时,以考题的形式回顾父亲与你的交大记忆,如你们第一次进校,在哪个食堂用餐的,在哪些地标建筑合影了,通过温馨的场景重现,在细节中感受如山的父爱。如景物选题,结合当下影视剧热点隐秘的角落,选取特色的校园画面,以互动答题形式请师生网友作答,同时在留言互动区发放文创纪念品福利。

2. 通过校园美食互动

上海交大以学生为本,在端午、中秋等佳节,会给全校学子免费发放粽子、月饼,其中包装设计由同学原创,口味也由同学投票选择,同时会与粉丝互动,让大家都能体会到暖心的福利。

3. 通过文创实物互动

新春佳节,档案文博管理中心的师生们设计了一款交小兔年历,活泼的手绘、清新的文字、实用的贴士,再加上新春的喜庆红色,一经推出就受到粉丝们欢迎。我们也通过留言互动的形式进行福利赠送,为春节的心愿添上交大的祝福(见图4-3)。

4. 通过平台话题互动

我们与中国大学生在线联动,通过微博话题连线,提升关注度和讨论度;和大学生在线合作录制校园媒体人在线课堂系列视频网课10余门。同时,我们也积极推进线下活动,提升文化传播渗透力。如2023致敬青春校园行活动走进上海交大文化节,面向全校师生,宣传网络文化,传播网络正能量,鼓励大学生们砥砺青春之志,争做时代新人等。

图 4-3　推文配图

5

团队篇

十八武艺名小编

披星戴月书坚守

第25式　持之以恒

双微团队耕耘，斩获重量奖项

　　365个日升月起，他们不问朝夕，以镜头为眼，以文字为语，定格每一季美景，陪伴每一个事件，记录每一次感动。"双微"团队（见图5-1），驻足新媒体传播交大声音，对话全世界凝聚大学力量，如一粒微尘，于无声中流淌无穷力量。

一、见"微"知交，持之以恒声自远

图5-1　双微团队合影

清晨 5:30,当晨曦还未褪去,他们发出第一条微博,向全球交大人问"早安";深夜 12:00,他们发起"零点话题",在午夜陪伴粉丝;凌晨一两点,当大家已进入梦乡,他们还在挑灯夜战,编排稿件……这不是一天两天的循环往复,而是 365 天的日夜坚守。

从不足 2 万粉丝,到日积月累达 500 万;从刚开始全国高校排名居中,到获得教育部新闻办官方微博、官方微信双第一;从图文转型视频的零起步,到成长为百万大 V 并承办全国会议;从不断赶超,到自我加压、自我鞭策,进而引领全国高校新媒体发展……这一路的风雨兼程、苦乐年华,在这支年轻的团队中积淀升华。

他们微小平凡,默默耕耘,持之以恒声自远。2017 年,"双微"团队荣获上海交通大学校长奖(见图 5-2)。

图 5-2　获奖证书

二、无"微"不至：共同的名字叫小编

一纸一笔，记录下他们头脑风暴思维碰撞的瞬间；夜灯初上，映照出他们敲击键盘编辑排版的身影；风霜雨雪，见证了他们穿行校园拍摄记录的脚步。

他们有个共同的名字：小编。

当你早起晨读时，他们在微博里如约而至，与你一起打卡；当你垂涎美食时，他们送上舌尖上的交大，走进食堂，回忆家乡味道；当你浏览网页时，他们带你去看更大的世界，与你分享生活常识、百科新知、国学经典、名人往事；当你观察社会时，他们同步发布最新资讯，解锁一手资料；当你专注科研时，他们探索交大智慧，领略科学魅力……

也许一屏之隔，模糊了他们的面孔，但就像是一位老朋友，天天在为你守候。每日微信订阅号的消息推送、微博留言的实时互动、短视频跳动的影音画面，便是他们送来的问候，365个日夜，365天陪伴，春秋冬夏，无微不至，从未缺席。

三、从"微"讲述：向世界介绍交大

作为上海交通大学新媒体平台，官方微信和微博是社会各界、师生医务员工、广大校友了解学校发展的重要载体。从120周年系列策划，到开学典礼毕业典礼；从学校重大重要活动，到第一发布权威发布；从全年重要时间节点的时时陪伴，到社会热点的借势而发；从国内到全球，从一个只有几千粉丝的微小窗口，到拥有500多万粉丝的发布平台，"双微"以图、文、影、音并

茂的形式，从"微"讲述，向全世界介绍交大，成为学校接地气、有灵性、有黏力的新媒体平台，被师生和校友誉为"空气中存在的朋友"。

开学季、毕业季、就业季，劳动节、中秋节、国庆节，校情、校景、校史、校事，暑假、寒假、大事、小事、身边事……"双微"不断地在交大朋友圈中刷屏。

"双微"的每一条推送，当您用指尖轻触屏幕，可能只需0.08秒，然而每一条内容的背后，可能要经过2～3周、一个月，甚至更长时间的策划、采编、无数次打磨稿件和照片，只为向世界呈现一个更美好、更有爱的交大。交大百廿校庆，"双微"团队与来自10个国家，包括哈佛、耶鲁、麻省理工、清华、北大等100多所高校互动，团队成员都是在课间、晚上与兄弟高校联系，确定互动主题，反复修改，持续一年在高校间接力祝福交大120岁生日。不少主页君晚上做完实验，在回寝室的路上，在昏黄的路灯下，与兄弟高校联系互动。不知多少个不眠之夜，不知多少次沟通修改，不知付出了多少艰辛和努力……在官方微博上，大家看到的只是那160字帖文，但背后是无数个160分钟，甚至是160小时、160天的努力。

四、积"微"致远：引领一流在路上

上海交大官方微信、官方微博总计粉丝数近500万，年阅读量超2亿人次。在全国高校新媒体综合影响力排名中，上海交大官方微博、官方微信持续引领，被教育部新闻办授予"新媒体综合影响力十强"，被今日头条授予"高校新媒体先

锋"，获得新浪中国教育影响力全媒体奖……上海交大"双微"团队一路走来，坚持内容为王、品牌推动、技术突破，努力自我加压、自我革新，从选题策划、团队建设、多平台拓展等多维度不断探索，在全国高校新媒体领域起到了较好的引领和示范作用。

无论时代怎么变迁，时光怎样飞逝，也无论何时何地，上海交大"双微"将一直陪伴在你左右。"双微"团队，轻如微尘，淡如微光，正是持之以恒的陪伴、记录、传承，给予了彼此风雨同舟、砥砺前行的力量。

第26式　通功易事

成员运营管理,实现事半功倍

当前高校均有相应的新媒体团队,以指导教师带学生记者为主,有成熟的新闻采写、图片摄影、编辑美编等基础,针对视频迅速发展的需求,做了一些初步尝试。各高校自 2018 年起陆续入驻抖音、快手、B 站、微视等全平台,纳入常规新媒体运营版块,聚合优质内容和账号,探索生产图文、短视频、小视频等多种类型的正能量内容。校园新媒体团队从相加到相融的过程中,也有一些基础和优势。

一、资讯来源聚焦是及时性、准确性、话题性的保障

高校新媒体团队大部分隶属党委宣传部和团委等单位统筹管理,运营的内容聚焦校情资讯、师生代表、校园故事、特色活动、校友事迹等,有第一时间掌握信息的渠道和优势。及时性体现在要闻首发,如上海交通大学官方微信,第一时间头条发布 1949 届造船系校友黄旭华荣获 2019 年度国家最高科学技术奖的新闻,由于内容硬核、现场回传、时效新快、凝聚力量,发布后浏览量迅速突破 10 万＋;准确性方面,华南师范大学多次利用官方微信、微博等平台,回应发布最准确的校园事件情况通报,有效应对向社会蔓延的次生风险;话题性方面,浙江大学每年举

行线下校友集体婚礼，通过官方微信发布，增加了传播度和讨论度等。

二、技术资源配置是专业性、安全性、学习性的保障

高校新媒体师生团队，主要由指导教师和学生通讯社组成，大部分高校均有新闻传播和媒体设计专业的学生，吸收和培养他们，可组建一支技能较全的队伍。在专业性方面，团队传统的新闻写作、摄影技巧、美化编辑等都为团队媒体素养打下良好基础，后台数据的自有性和丰富度，也便于分析传播路径；在安全性方面，校园网评员通过科学高效的监测系统和管理制度，保障维护校园网络安全；在学习性方面，高校新媒体领域专家学者为讲座分享、技能培训提供有力的人才支持。

三、平台阵地丰富是多样性、互补性、特色性的保障

高校全媒体矩阵，包括了传统的新闻网、校报，对外媒体宣传，以及以"两微一短"为核心的新媒体平台。在多样性方面，主页、微信、外宣是以内容为主的校园微门户，微博是以互动为主的流量聚集地，短视频是以影音为主的新形式呈现；在互补性方面，各平台结合内容结构和传播规律，从时间和视角角度相互择优发布，如微信、微博发布快讯，外宣联动媒体作深度报道，短视频选取亮点片段同步刊发；在特色性方面，传统图文不断新增小程序、H5、长图、航拍、抽奖、直播等形式，在各平台有效融合传播。

四、人员团队充实是覆盖性、周期性、持续性的保障

一个是师资队伍有经验,高校新闻中心集中央厨房模式,充分调配传统阵地和新兴媒体力量;一个是学生团队易组建,包括通讯社和网络文化工作室。在覆盖性方面,校园新媒体团队的成员覆盖多学科、多年级,用不同的思维视角和能力擅长共同建设;在周期性方面,学生是校园新媒体团队的主体,通常每学期或每学年进行换届,带来人员、风气、技能的更新;在持续性方面,团队因媒介素养和兴趣爱好而聚集,不断传承与创新,不停学习吸收,形成持续性较强的队伍。

高校新媒体运营都面临着一个普遍的共同问题:人手少、压力大、任务重。团队既要保证365天的每日推送量,又要保证每一条的质量,还要定期生产校园类原创选题,因此团队的运营模式和管理方法就显得十分重要。上海交大的新媒体运营由校党委宣传部新闻中心主要负责,确认每日内容的选题、审核和发布。具体素材的征集和落实,一方面来源于各院系单位的供稿,另一方面则需新媒体团队师生进行策划完成。团队管理由专职老师和学生负责人牵头,除了日常事务的沟通工作,主要还包括选题的采编拍摄和编辑,以及素材资料的汇编存档。上海交大新媒体在团队成员运营管理方面有以下几点经验与读者分享。

1. 值班和分组,激发参与感和积极性

上海交大新媒体团队主要由一位专职指导老师和学生团队组成,其中包括校内新闻媒体学生记者团"南洋通讯社"、官微值班编辑和微博主页君。其中,微信部分的运营主要采取以下方

式:结合选题表和前期与二级单位的沟通,编辑同学每日值班,负责常规内容的整合和排版,同时通过建立资讯采集团队和热点触发分队,及时捕捉实时消息;每日消息发布之前,都要通过选题专题负责人、相关院系负责人、新媒体指导老师、分管领导的层层审核,最终修改定稿。微博部分则采取按时间段和按栏目分组值班的方式,滚动刷新发布和运营相关帖子。短视频更新采用轮班制,负责人整合每周的时事热点与校园活动,提供值班同学选题思路,值班的同学提前三日将制作的视频上传审核,确认后再发布。这种运营管理模式既有清晰明确的规划性和责任制,也可激发学生的参与感和积极性,还能保证 365 天、24 小时不缺位。

2. 因材施教,充分发挥团队学生特长

学生团队活力无限,是新媒体创作环节的灵感来源之一。在一个完整的组织中,每个同学都各有所长,如采编、摄影、后期、绘画、视频、编程等。一方面,官微策划及布置选题时可因材施教,让同学们负责自己擅长的部分,让专业的人做专业的事,提高效率和质量;另一方面,可基于他们的特长研讨多风格的原创选题,如创意拍摄、人物专访、动图专题、校景集合、手绘故事、油画校园等;还可以定期组织线下培训交流活动,请业内专家老师或朋辈优秀达人讲座分享,交流学习当月各高校爆款选题,教学拍摄技巧、后期制作与视频创作思路,不断学习进步,在思维风暴中碰撞出更爆款的火花。

3. 坚持选题会制度,以专题组形式完成选题

在"机制篇"中,我们详细介绍了选题策划模式的选题会制

度。为保持原创内容活力和制作过程控制，学生团队也应坚持召开选题会。在选题会上，一方面组织选题回顾和鉴赏，分析做得不完善之处，指导同学们从哪些方面改进；另一方面，讨论下一阶段选题的可实施性和具体落实，协调相关资源解决较难收集的素材，以及确定此专题完成团队、负责人员和交稿时间。整个选题会氛围活泼、思维开阔、效率很高，也引导同学们积极表达想法，为一条内容的完善建言献策。同时，在分工上鼓励成员参与到各个不同的流程中，以培养独立选题的创作能力。

4. 设置保障激励制度，充分激发学生团队活力

团队的激励反馈主要包括两个维度。一是能力锻炼、专业认证。学校广阔的新媒体平台，为同学们提供了最新鲜的活动线索、场景资源、参与路径，培养了相关的专业技能，并提供了丰富的展示窗口，同时还能提供媒体采编报道的实习机会以及学校单位出具的工作服务认证。另一个是经费支持。除了保障选题开展中涉及的必要费用，核心成员可通过勤工助学渠道获得基础的补贴，同时各平台也设置了科学的考核规范，从发布数量、转评互动、临时响应、综合评价等角度提供综合激励。

第27式

竿头日上

话语体系转化，角色不断转型

官方微信和微博作为社会各界、师生医务员工、广大校友了解学校发展的重要载体，在发布内容时时刻注意着话语体系的转变和身份角色的不同扮演。当发布校园类资讯、公告、说明时，我们用官方话语，代表信息的权威性；当发布校庆纪念日相关内容时，我们用亲切的长辈式话语，是期盼学子回家看看的母校；毕业时，我们是叮咛嘱咐，祝愿大家前程似锦的师长；讲述校史时，我们是求知求真，带领大家回温难忘故事的讲解员；当介绍科研项目或者优秀人才时，我们用学术话语，严谨全面地呈现内容；当推送原创校园类生活、学习相关主题时，官微是朋友，与您相伴相行……关于新媒体话语和角色转变，以下几点可供参考。

一、根据发布内容的不同，适时转变角色，切勿千篇一律

官微并不会刻意给自己贴标签，语言风格也丰富多样，有"新华体"式的正式语句，也有小清新风格的学生用语，还有通俗易懂的网络语言。高校新媒体受众粉丝来源广泛，不仅有在校师生，还有毕业校友、家长群体和关注交大点滴发展的社会大众，因此语言风格也应适时调整，顾及发布内容的不同和阅读群

体年龄段、对网络语言接受程度的差异等，切勿千篇一律，造成阅读的疲乏感。

二、重视文字的力量，精确把握情感表达

新媒体呈现形式丰富，最常见的是以图文为主，其中，为满足快速阅读的特点，大量使用图片成为传递资讯和减少阅读障碍的常规方式，但也切勿忽略文字的力量。一条内容所要精确传达的情感，还需用文字进行阐释，要站在读者的角度，体会每一篇推送背后所蕴含的情感。如前文介绍的"两把椅子"的故事，便将黄旭华院士的坚韧和习近平总书记对国家科研脊梁的关怀尊敬进行了准确描述。

三、好标题吸引关注，传播力与内涵度结合

决定受众是否点开这条内容的时间，可能就是划过信息瀑布流的 0.1 秒，如何吸引粉丝阅读内容，好标题是关键要素之一。一个新媒体标题，既要体现出内容本身的核心，又要符合快节奏阅读习惯，还要有一定的共情引导和悬念制造，做到"标题亮"而非"标题党"，其中一个方法是将元素具象化，让读者所见即所得。

如【121 岁的交大！与你的每次相遇都珍贵无比】，站在第三人称视角，讲述了交大建校 121 周年以来走过的大事件，并用平和大气的语气分享了一种成长的沧桑和发展的骄傲，期待着校友们回家。全篇详细介绍了每个时间段和年代的代表事迹，用旧照片生动地回顾了过往历史，让师生和校友跟随指尖的划

动，慢慢阅读历史的故事。

又如【难说再见！即将毕业的你，最想带走交大的什么？】。毕业季，带不走的，是学子在交大的专属记忆，此时官微成了送别毕业生的师长，难忘、深情、不舍。整篇内容策划回顾了应届学子从入校到毕业的各大活动，包括学习、社团、体育、文艺、讲座，以及在学校各个场所留下的生活足迹和回忆等。官微以这种方式，贴心地祝福大家毕业快乐，前程似锦。

再如【交大，不愧是我的梦中情校！】【心里种下一颗种子："交大，等我！"】。本身内容是常规的校园活动，即上海交通大学2024年"学森挑战计划"冬季实践营活动圆满收官，来自全国20个省市55所中学的400余位营员在上海交通大学线下开展了学习、实践等活动。同学们打开边界、交叉融合、突破创新，进一步增强学科志趣、激发科研梦想，为实现强国梦想砥砺奋进。团队在考虑推文标题的时候，最初也是往惯性思维上想，如"全国400位高中生，寒假在交大做什么"，但换个角度思考之后，从读者和参与者的视角出发，营员们来到交大，感受到优美的校园环境、前沿的科研探索、先进的环境设备、专业的名家大师，心中肯定有感慨："交大，不愧是我的梦中情校！"我们最终选定了这个标题，也收获了不错的传播量。

第28式 崭露头角

展示小编日常，共享工作环境

做新媒体，很辛苦。内容的策划、时间的坚持、审修的反复、环境的压力，每一条推送的背后，都有漫长的执行故事和小编们注入的心血，原创内容的追求与突破、一年四季的守候与坚持，压力很大，身体和心理上都比较辛苦。

做新媒体，很幸福。无论是选题过程中，团队展现出的专业、互助、坚持，还是一条内容推送后，从阅读量和点赞数体现出的关注度和受欢迎度，或是后台留言里收到的鼓励小编的温暖话语，都是前行路上幸福的鞭策。

一、适时展示小编日常，加强与读者的互动

屏幕前，读者看到的是一幅幅美好灿烂的摄影画卷，是一段段走心温暖的深情文字，是一天天从冬到夏的守护陪伴，是一次次大开脑洞的惊喜创意……可屏幕后，小编的工作时间、状态、方式等却很少向大家展示。我们可在合适时机，将小编的工作日常融入推送内容中，展现生动的团队形象，加强与读者的互动，也通过形象的语言方式，让大家了解到新媒体小编的工作日常和辛劳之处。

二、小编团队的凝聚、建设和成长

学生团队的带领和建设,除了在选题中不断熟悉进步之外,还应采取一些固定的方式。例如,定期召开选题会;通过团队活动增进成员彼此了解、熟悉各自擅长领域、培养默契度和凝聚力;定期开展培训,提升业务能力,注重传播手段的学习和素材的积累。

三、适时表白观众

在参与校长奖答辩时,我们做了一个介绍双微团队的 H5 页面,里面以小编的自述和向读者表白的口吻深情地写道:感谢您的支持与鼓励,您的指尖划过屏幕,每一次点赞、分享、互动,每一条留言、评论、转发,都是平凡岁月里最动人的期许;感谢您的陪伴和守候,从清晨到深夜,从春花到冬雪,日日年年、岁岁相守,一路倾情相伴;感恩您的宽容和理解,每一个标点符号、每一句批评建议、每一份殷殷期望、每一次驻足回眸,让我们温暖前行(见图 5 - 3)。

图 5 - 3 团队介绍截图

校园新媒体团队针对视频生态的蓬勃发展需求，做了一些初步尝试。各高校自 2018 年起陆续入驻抖音、快手、B 站、微视等全平台，纳入常规新媒体运营版块，聚合优质内容和账号，探索生产图文、短视频、小视频等多种类型的正能量内容，同时积极参与主旋律作品。如《我和我的祖国》快闪影片等的策划摄制，但专业技术性明显不足，必须依托多方团队力量。2020 年起，高校通过电脑、电视、手机、平板等端口积极推进线上网络课堂，动员学术资源、利用技术优势，分为直播教学、录播教学、慕课教学和研讨教学等多种教学方式，也为短视频平台的拓展应用打开了新的窗口。基于"短视频＋"的融媒体环境对校园媒体的转型提出的迫切要求，主要有以下几条路径供参考。

1. 定好顶层机制

打破思路，改变传统图文记录方式，倾向视频＋视角，充分利用第一现场的视频影音资料，生动展现最真实的画面。面向高校"立德树人"目标，充分发挥平台网络育人载体效应，打造行走的、沉浸的网络思政课堂。平台从运营发布做到常态化、制度化、长效化、系统化、规模化，鼓励多角度、多形式的创作主题和内容，完善新闻策划、线索跟进、受众反馈、内外联动、总结激励等机制，实现从内容到形式再到机制的深度转型。

2. 聚好内容生态

短视频并非单纯追求时长，而是将有质量、有深度的作品进行精炼浓缩、二次加工后在最佳传播点快速发布。我们要结合短视频的几个特点，聚焦内容，做好主题策划、信息体量、音乐字幕的配合，用最简单易懂的方式实现小屏传递。以北京大学官方抖音号为例，截至 2023 年 12 月，粉丝数突破 750 万，累计发布约 2 000 条短视频，其中百万级播放量 180 余条，内容涵盖泛资讯、泛文体、泛知识三大品类，围绕校园、名师、活动、达人等方面，以优质内容实现价值引领。

3. 研好技术法门

在"短视频＋"时代新技术方面，越来越多的平台开始使用 5G＋8K/4K＋VR/AR、人工智能、视频直播等技术，生产更加高质量的视频，更好地实现快速、直接、真实的信息传达，同时，对于平台传播规律、热点热文分析，需结合大数据应用。高校新媒体团队应聚焦技术技能培训、更新设备硬件，从长视频专题制作的经验中，研讨分析短视频发展趋势轨迹，充分利用现代先进视频制作技术，做好校园媒体转型，促进长短视频协同共生发展。

4. 建好人员团队

制作优质的短视频内容，需要组建和培养以视频为主的团队，含策划、脚本、拍摄、录音、剪辑、制作等角色。高校可结合丰富的人力资源，建立一支由核心师生团队、网络文化工作室、校园拍客组成的从内向外、以点带面的全辐射校园媒体，充分激发他们的兴趣、挖掘他们的经验，联动为平台生产提供优质内容。此外，还需要对成员进行系统的培训，邀请专业课程教师或行业领域专家开展讲座，全面提升全媒体团队作战能力。

5. 组好融合渠道

高校媒体渠道的融合可以分为五个层面：一是校级各新媒

体平台的畅通,实现采集、制作、宣发的融合,为快速地响应、优质的内容提供主力支撑;二是院系共建,扩展试验方式,给更多同学提供实习展示的机会和平台;三是巩固合作第三方,保障专题影片的制作,应对即时前沿需求;四是与校外媒体的紧密联动,实现"一体采集→分层开发→全媒推送→科学评估"融媒体宣传链的应用;五是线上发布和线下活动的结合,增强互动性。

第29式 艺不压身

十八般全武艺，高质高量整活

　　我们有个共同的名字叫"小编"，当你走进新媒体的世界，在与热点 PK、与时间赛跑的过程中，你会练就一身十八般武艺本领。你会成为画师，用妙笔绘出校园春夏秋冬的不同色彩美景；你会成为摄影师，用镜头记录校园生活点滴、用技术创造令人惊叹的画面；你会成为记者，用敏锐的触角和文字的力量述说交大事、发出交大音、温暖身边人；你会成为剪辑师，让零散片段在你的巧妙剪辑中变成流畅精彩的微电影；你会成为校稿人，用细腻的心思发现和纠正无意间犯下的字句错误；你会成为美术家，对编辑排版的美观有自己独特的见解和风格。也许，你还会成为短跑运动员，用最快的速度跑去现场，只为捕捉第一瞬间的资讯和影像；你还会成为美食鉴赏家，尝遍校园食堂，展现和推荐各窗口的特色菜肴；你还会成为小科学家，用严谨独特的方法探索生活中的点滴奥秘……

　　如【今夕送你什么礼物？交大版"春风十里"青春上映】。正值军训时节，校园迷彩灿烂，仿佛一部青春偶像剧"春风十里"中的场景。酷暑逐消，秋意见长，交大版"春风十里不如你"也青春上映，辛苦的军训训练、坚定的内心誓言、美好的战友情谊，都融入在一张张剧照当中。小编化身导演、摄影、模特，以交大为幕景，以学子为主角，还原出剧照中一幅幅生动的画卷，展现了交大军训青春洋溢的色彩。

又如【创意 100 分！一群可爱水果闯进交大，拍了这套艺术照】。盛夏高温连续出击，校园亟待一股清凉之意，小编拿起画板，画下了这组可爱的水果精灵，给大家带来清新欢乐。拟人的画风、滴翠的色彩、优美的语言，小编用精湛的画艺欢迎炎炎交大迎来的这批"新客人"，用贴切的文字描述"盛夏的果实"在校园里留下的有趣故事。小编们绞尽脑汁、拼尽全力、各展才华，365 天里用十八般武艺为读者烹饪着丰富的文化大餐。

再如【美翻了！100 米高空看交大，竟是这样一种体验】。用航拍视角展示了不一样的全景交大，区别于日常看到的身边景色，高空鸟瞰更加全面和大气，还能解锁许多建筑设计的巧妙之处。近年来，运用无人机、穿梭机拍摄图片和视频已成为大型活动或影片作品的标配，可使场景更丰富，视野更广阔。小编们也在不断学习，迅速上手这些新机器，为给大家呈现更好的内容而努力。

作为小编，需要具备一些基本的技能和基础的素养，既要保证推文的完成度、新颖感、实效性，又要坚守政治底线和要求，还要紧扣学校相关元素。

一、要有基本的政治素养

在策划相关的选题时，要明晰高校公众号的定位，入选首批高校思政类公众号重点建设名单，也为学校的相关工作明确和指引了方向。在策划相关的内容时，既要保证围绕学校的中心工作，又要体现图文的内涵深度，同时也要兼顾传播力。这其中肯定有一些难度，但不管网络环境怎么更新、选题类型内容怎么变化、表现形式怎么丰富，基本的语言描述、官方说法、政治底线必须守牢。

二、要有一定的素材积累习惯

当一个热点选题或社会话题临时触发时，需要在最短的时间内整理素材、编辑整合、确认信息，再进行后续的请审修改和发布。在这个环节中，需要小编有一些日常的素材积累，包括线索、事迹和人物等，能及时响应以及与相关院系进行联动，获取最新的资料，尽可能以最快的时间、最准确的内容，在社会大众关注的事件中展示交大智慧和声音。

三、要有敏锐的网络洞察能力

网络环境瞬息万变，关注点多样、传播力迅速、发酵度较高、互动感凸显、受众面广泛，小编既要有及时洞悉和跟进热点话题的眼力，也要有立刻转化为学校视角推文的笔力，同时还要有引导评论氛围营造的脑力。在运营平台时，既要重视前端的优质内容呈现，也要注意后台的粉丝和留言，在合适的时机把一些不必要的关注压制于未然。

四、要培养各方面新媒体技巧

在内容上，高校选题避免不了发一些会议新闻、科研成果等，但这类文章在新媒体端确实传播力有限。如何提高这类主题正向、不得不发的"硬新闻"的传播力呢？可以通过切分视角或者提炼亮点的方式，摒弃传统的通稿全文转发。形式上，既要面向Z世代青年学生群体，又要兼顾校友等，在轻量化和厚重感间寻找平衡，在保持稳定风格的基础上不断尝试新的技术和应用。标题上，可结合前文提到的标题取法，学习和探索不同推文的适用效果，让一条好内容通过好标题的加持实现传播增益。

第30式 内容为王

注重原创思维,挖掘红色资源

新媒体有许多"变"与"不变"。网络环境不断变化,流量更加分散,传播渠道更加多元,受众获取资讯的方式更为丰富,对时效要求也更高。做新媒体的三大元素可总结为内容、技术、品牌,其中内容最为重要,是所有表现载体的核心,是用户追求信息的本质,而技术和品牌,分别是基于内容而升华的部分。做新媒体,要坚持内容为王,提高供给质量,推出海量高质量原创作品,打造特色和品牌,激发内容活力。校园原创内容,应注重数量与质量的统一、节日节点与效率的统一、网络传播度与文化育人作用的统一。

一、注重发布数量与原创质量的统一

上海交通大学官方微信保证全年 365 天每日推送,其中原创作品超过总量的 1/5,在频繁密集的原创数量要求下,更应严把质量关,提升整体品牌的建设与力量。为保证原创创意的来源,新媒体师生团队定期召开选题会,头脑风暴出大量素材后,再讨论亮点并落实。自 2020 年初,在相关单位的指导部署下,上海交通大学和其他部分高校开通了一日多次推送的权限,对每日内容布局又有了全新尝试,不仅增加了选题的基数量,同时对各内容之间的传播力比例也提出了新要求。如暑假期间，集中产出了【高"炎"值的交大！八月正午的阳光都没你耀眼】【共担风雨！台风"梅花"登陆，交大全方位保障】等优质选题，展示了交大师生在节假日期间的学习生活状态，以及应对天气环境问题所做的前期工作；春节期间也陪伴大家，推出【20年前的全家福！交大人光阴的故事】【刚刚！交大人亮相春晚，在天南地北给全国人民拜年】【新年里，交大人忙着……】等选题，介绍了春晚中的交大面孔，以及师生们参与寒假社会实践的情况，同时结合传统文化创作了窗花、对联、福字、拜年等选题，收获了较高阅读量和师生校友的广泛好评，都是既叫好又叫座的佳品。

二、注重节日节点与出稿效率的统一

官微在原创过程中，每篇选题从创意到制作到发布，周期为3～5天，针对节日节点和社会热点，会加快出稿速度和效率，甚至可能当天或者几小时内就要组稿、审定、发布。如结合节日节点，推出了父亲节选题【交大超暖心海报|世界上最爱你的男人，我们欠他一个拥抱】、端午节纪念内容【美如画！端午诗词与交大，是最美最文艺的相遇】、国庆节校内活动一览【@交大人|国庆去哪里，既小众又便宜?】等作品；结合社会热点，在第一时间制作并推出了【如果给交大先定个小目标，比如】【暴雨中的交大！风里雨里，因你们的守护而温暖美丽】【交大版"成都"来了，交大，带不走的只有你】【「交大时光相馆」爱你，我最美的"李焕英"】等作品，既体现了交大视角的介绍，又包含了节日节点和社会事件的人文关怀，也培养了新媒体团队成员捕捉和运用热点

的能力。

三、注重网络传播与文化育人的统一

新媒体原创作品，首先要考虑网络传播度，主要从内容是否有特色和紧跟热点、标题是否吸引读者等方面下功夫。例如，介绍交大春季赏花路线和种类的【交大"校花"！最惊艳的竟然是她】，以亮眼的标题和丰富的春花介绍内容，收获了近5万阅读量；【萌宠来了！交大校园惊现网红】，介绍了交大校园的共享电动车，获近2万人关注，还引起社会媒体采访报道。其次要考虑文化育人作用。例如，结合央视备受欢迎的主题节目创作的【诗词大会落幕！交大的这道飞花令，你敢接吗?】，以新颖方式介绍了交大学子的微家书，温情又充满希望；另一个爆款选题【上海交大史上最难期末考试题来了】把发布时间放在了考试周结束时，将关注点放在父母与子女的情感代沟和表达上，呼吁大众在日常生活中回归父母亲情；又如【篆刻版交大！想一直把你刻印在心】【当交大与〈诗经〉相遇，第一张就美哭了】【爱在交大！火红窗花剪纸，把你贴在心里】等，将交大元素与传统文化结合，对中华优秀传统文化的传承和发扬起到了正向作用。

党的二十大报告指出："中华优秀传统文化源远流长、博大精深，是中华文明的智慧结晶。"我们要深入挖掘中华优秀传统文化蕴含的思想观念、人文精神、道德规范，结合时代要求继承创新，让中华文化展现出永久魅力和时代风采。在新媒体时代，如何借助新媒体的手段，让传统文化重新焕发生机活力？上海

交通大学作了一些尝试,让师生在碎片化、高速运转的生活节奏中感受传统之美。

1. 把握重要时间节点,弘扬传统文化

每年与传统文化相关的时间节点有很多,如新春佳节、元宵节、端午节、中秋节、重阳节等。在人们的潜意识和行为习惯里,每逢这些节日,都会有一种传统文化氛围。农历新年的时候要贴春联、贴窗花和剪纸;元宵节时看花灯,猜灯谜;端午节,赛龙舟;中秋节,一家团圆吃月饼、赏月等。要紧跟这些时间节点,策划与传统文化有关的选题,既做到了应景传播,同时也让受众感受到传统文化的魅力和时新。

2. 以传统文化的形式,体现新的时代内涵

弘扬传统文化,内容元素和展现形式是多种多样的。借助新媒体传播传统文化,就是要把新媒体选题的创意和传统文化的表现形式相结合。在每个人的潜意识里,大家对传统文化都有一种天然的亲和力,且对新媒体传播也有更加广泛的接受度。所以,当传统文化遇上新媒体,当运用网络新媒体的思维主动联结传统文化时,文化的内涵和传播的优势都得以充分展现。如我们把师生习以为常的校园景物,特别是校园里的标志性建筑,用剪纸的形式展现出来,师生都觉得耳目一新,非常喜欢。

3. 用新媒体的手段,唤醒传统文化的记忆

随着时代的变迁,很多中华民族优秀的传统文化慢慢地失去了往昔的光彩,甚至渐渐淡出了人们的视线和记忆。在新的形势下,怎样让传统文化重新焕发生机,唤醒人们内心深处的热

爱？利用新媒体的思维和手段来实现，是一种绝佳的选择。如由博闻研微大学生网络文化工作室组织的全球华语大学生短诗大赛，把传统的诗歌比赛搬上新媒体，运用新媒体直播的形式，营造了万人赛诗的诗歌"嘉年华"。又如，2017 年兴起的朗读者的热潮，一时间"飞花令"火爆网络。网友纷纷通过"飞花令"的形式，参与到网络接力中来，主动融入传统文化的传播中，并产生了很强的愉悦感和获得感。

如【上海交大史上最难期末考试题来了】这个案例，通过对热点的精准把控、形式的独创设计、全方位的传播渠道以及高效的团队合作，共同创造了这道"子女对父母的爱，仅剩最后一公里！——上海交大史上最难考题"。

（1）热点的精准把控。该策划缘起于一年一度的期末季。往年，官微的期末专题多着眼于考试诚信宣传、考试小贴士等，为了突破这样一种策划的惯性思维，上海交大新媒体团队尝试从另一个被忽视的角度来观察、思考：即当生活看似被各种忙碌填得满满当当的时候，是不是有什么东西同时被忽视了？团队成员从自身与父母的相处经历出发，很快得到了灵感：越长大，尤其是上大学离家之后，和父母的沟通便越来越少，陪伴愈显珍贵。因而，最后团队选择在期末季，"反其道而行之"，选择亲情话题切入。考试临近尾声，寒假回家潮即将来临之时，这样题材的选择可谓抓住了读者的"痛点"和心灵最柔软的地方，引起了强烈共鸣。

（2）形式的独创设计。主题的确立，只是成功的一半，用怎样的形式呈现，最有新意又最符合新媒体移动端阅读的特点成了下一个团队需要考虑的问题。最终，团队决定将整个专题的呈现形式定为长图，以试卷和答题纸作为设计载体，文案选择"假设父母对子女的爱是每天一公里的路程，那么子女对父母的爱总共应该是多少？"的问答形式。这样的设计，一方面是应读者所需。新媒体时代特有的直观、高效，使得今天的读者也更趋向于选择界面生动清晰，多图少大块文字的内容阅读，以长图形式出现最为适应需求。同时，长图易于传播的特点，也为之后专题在其他平台和传播渠道上的推广创造了有利条件。另一方面则是真正"形为意动"，考试答题的形式学生最为熟悉，在这个特殊时间点上对读者而言也是最好的时机，真正引发大家去思考、去体味父母的不易和亲情的可贵。

(3) 全方位的传播渠道和高效的团队合作。专题最早在官微推出，便在校内师生群体中广泛转载，而为了达到最好的传播效果，团队充分利用了传统媒体、微博和今日头条等全方位的媒介渠道。在文汇报、新民晚报、青年报、新闻晨报、人民网、新华网等权威社会媒体报道或转载之后，浏览量急速上升，影响力由校内走向校外，取得了良好的社会效应。而在整个专题从前期策划到具体设计再到专题发布的过程中，团队成员之间，无论是文案制图团队还是后期推广团队始终环环相扣，保持着高效的执行力，使最后的内容呈现最大限度地回归选题立意本身。选题策划的成功，离不开新媒体团队的科学分工、合力推动。

截至 2023 年底，该专题浏览量仅上海交通大学官方微信平台就已突破 68 000 人次，并被多家权威媒体转载、采访主创团队。随着新媒体技术的不断更新，或许我们可以有条件结合更多的技术手段，然而，无论技术如何更新换代，这个选题的成功依然可以成为经典，原因正在于读者真正想看的，有感触的，不卖"鸡汤"但有情怀的内容内核，永远都不会过时。

6

品 牌 篇

PINPAI PIAN

全民自媒寻突破

开拓引领树品牌

第31式 齐心共情

青春与国同行，呼应社会价值

担青春使命 与祖国同行
以"毕业声"系列报道涵养学子家国情怀

一、内容主题

鼓励学生扎根行业就业，厚植爱国主义情怀，是高校立足育人之本，也是贯彻落实新时代党的教育方针的必然要求。近年来，上海交通大学结合学校特色、学科特点，建立学生从入学培养到择业就业的育人价值引导链，着重引导学生向实践学习、向人民群众学习，坚定听党话，永远跟党走，在田间地头站稳人民立场，在祖国大地读懂中国方案，将个人发展融入国家战略，用个人选择回应时代需求。"强国有我，青春有为；行万里路，知中国情"，上海交通大学坚持以习近平新时代中国特色社会主义思想为指导，深入贯彻落实党的二十大精神，积极服务国家战略，持续落实以价值引领为核心的"四位一体"育人理念，加强就业引导，全力推进毕业生更加充分和更高质量的就业。

上海交通大学充分发挥高校教育政务新媒体的平台作用，

瞄准高校毕业季这一重要节点,专题策划、精心打造,形成了一系列既有内涵性、又有传播力的新闻作品,充分展现了交大毕业生始终牢记"选择交大,就选择了责任",时刻践行"走出交大,就要勇担使命",投身国家重点行业单位,将奋斗的青春之花绽放在祖国和人民最需要的地方。交大利用融媒体矩阵优势进行顶层设计,统筹从毕业生事迹、祝福语地标点亮到毕业典礼的全流程内容,全面推进"毕业声"主题活动的立体化、系列化、融媒化传播。系列实践案例对高校新媒体深入落实立德树人根本任务,坚持"为党育人、为国育才"的初心使命,推进高校"毕业声"主题宣传走深走实及持续网络育人价值引领具有重要意义。

二、实施过程

饮水思源,爱国荣校;敢于担当,善作善为。交大青年始终牢记习近平总书记的殷切嘱托,心怀"国之大者",以实际行动践行"选择交大,就选择了责任""走出交大,就要勇担使命"的价值追求。毕业季,上海交通大学新媒体平台聚焦"担青春使命,与祖国同行"核心主题,专题组织策划、精心打造品牌内容,形成了一系列优秀的融媒体作品。

1. 系列呈现,打造品牌

毕业季期间,交大融媒体平台多年来围绕"担青春使命,与祖国同行",紧扣家国、育人、思政元素,专题打造"毕业声"栏目,聚焦交大优秀毕业生的成长轨迹和交大学子的未来去向,形成了一系列优秀原创作品。在毕业季重要节点,学校官方融媒体平台集中发布相关内容,持续推进,多平台迭代融合传播,形成集群态势。

2. 创新形式, 多维传播

交大创新性推出"沪高校就业协议编号001～100"系列推送, 以图文结合的形式展现了上海交大毕业生投身国家重点行业单位的故事。鲜明的数字编号、振奋人心的人物故事、青春洋溢的脸庞, 系列图文推送全方位刻画了交大毕业生的风采, 相关内容广受关注和好评。在图文内容之外, 交大还积极生产优秀视频作品, 展现新时代交大师生的精神风貌。如2023届毕业生主题视频《选择》(见图6-1)。

图6-1 主题视频截图

3. 多屏联动, 技术赋能

从毕业生事迹报道到毕业典礼的全流程, 交大采用线上线下结合, 大屏小屏互动的创新形式, 全方位营造毕业氛围, 传递交大青春能量。交大连续多年制作毕业专题短片点亮外滩(见图6-2),外滩打卡已经成为交大毕业生的重要日程;交大毕业典礼也多年持续全平台直播,用最直观的影音展示最动情的交大。

图6-2 推文配图

4. 价值引领,融媒育人

在毕业季期间,交大立足立德树人根本任务,结合新媒体传播属性,及时深度地组合发布了交大优秀毕业生、竞赛特等奖获得者、三好标兵等相关内容,用同辈学生的优秀事迹感染激励更多的交大学子在关键领域挥洒智慧热血,将青春融入祖国的山河。相关推文点面结合,贴近学生生活,挖掘故事、深度采访、融媒呈现,成了一堂融媒体视域下的新时代思政课。

5. 宣传主导,院系协同

联动学校就业中心、院系、工作单位等,多级协同沟通,通过信息共享、宣传迭代、窗口联动,实现校院互补融合、就业单位—学院横向共享、事迹纵向联动。学校与院系合作,共同制定宣传目标和推广策略,通过定位学院学科的特色和优势,形成互补效应,建立跨院系的宣传协调机制和沟通渠道,促进信息流动(见图 6-3)。

图 6-3 交大校园

三、传播成效

交大"毕业声"系列作品深度报道了交大毕业学子的青春选择,相关推文总阅读人次超过 100 万,其中,【沪高校就业协议编号 001—100! 这是交大学子的选择】一文获评高校思政类公众号"十佳"原创推文。2022 年上海市高校毕业生就业协议书001—100 号签约学生均来自上海交通大学,他们始终牢记"选择交大,就选择了责任",时刻践行"走出交大,就要勇担使命",全部投身国家重点行业单位,将奋斗的青春之花绽放在祖国和人民最需要的地方。学霸主题推送获得《人民日报》官微头条转发。在"寻找2022—2023年度高校可视化融媒体专题"活动中，上海交通大学2022"毕业声"专题报道获评"2022—2023年度卓越影响力校园新闻专题作品"。

近年来，上海交通大学依托学校融媒体中心建设，立足立德树人根本任务，注重资源共享，联动内外单位，形成各类新媒体平台集群发展态势，宣传成果显著。推进高校新媒体矩阵布局，繁荣校园网络育人环境，后续学校将不断提升融媒体的价值引领功能和育人实效，推动高校网络思想政治工作高质量发展，打造高校融媒体建设的"交大样本"。交大在全平台融媒体建设方面也成果显著，连续多年获评"教育政务新媒体十强""中国大学官微十强""抖音十大最具影响力高校""高校快手号年度影响力奖""B站高校优秀校园活动组织奖"等。交大官微积极建立合作机制，联动教育部、人民日报、新华社、学习强国、解放日报等讲述最真实的交大毕业生故事。

四、加强和改进计划

后续，上海交大还将持续提升"毕业声"专题报道的影响力、专业性和创新力，更好地服务于校园和社会。

1. 新闻报道内容持续优化

深入挖掘优秀毕业生的故事，包括他们的成长经历、学术成就、社会贡献等，以激励更多学生追求卓越。在现有报道的基础上，挖掘校友的后续发展轨迹，通过他们在各行各业的成功经验，展示上海交大教育的价值和影响力。扩大报道范围，关注不同学院和专业的毕业生，展示他们在各自领域的突出贡献和创新成果。

2. 报道形式和媒介持续创新

现有的内容主要通过视频、音频、图文等多种形式进行报道，以满足不同受众的需求和喜好。未来，上海交大将探索利用虚拟现实（VR）和增强现实（AR）等新技术，为读者提供更沉浸式和互动性的阅读体验，并积极探索国内外社交媒体平台，增加报道的传播渠道，扩大影响力。

3. 团队能力和合作持续提升

优化学校、院系、就业单位沟通渠道，组织专业培训和工作坊，提升团队成员的报道技巧、编辑能力和创意思维。鼓励协调合作，与校内各学院、就业中心、研究中心等合作，共同打造多维度、多角度的毕业生报道。建立和其他高校融媒体中心的合作机制，分享经验和资源，共同推动高校媒体的发展。

4. 品牌建设和推广持续增强

打造交大"毕业声"品牌形象，使其成为上海交大毕业生报道的代表和标志。深化校园宣传，提高学生和教职员工对毕业季宣传的认知度和参与度。拓展外部合作伙伴关系，与主流媒体机构、企业和校友组织等合作，扩大报道的影响范围，提升传播效果。

第32式 借力打力

主题宣传活动·开发视觉爆款

近年来,我们持续打造上海交通大学视觉矩阵,逐渐形成由介绍片、形象片、微电影、专题片、纪录片等组成的视频宣传矩阵,立体化学校视觉形象。组建校级层面的核心团队、二级单位和院系宣传队伍、校园网络文化师生工作室、专家智库和特色学科支撑等四支融媒体工作队伍。综合吸收策划、采编、摄影、摄像、美编、剪辑、编程、数据分析等专家人员,搭建"输入→培养→输出→反哺"的自平衡共协调的可持续人才培养体系。围绕党的二十大、全面完成脱贫攻坚战、建党百年、党史学习教育、红色校园等重大专题,积极联合主流媒体及其融媒体平台推出《彩云之交》《百年校园红色路》《心之所向》《领航》等一系列有深度、有温度的影片,用交大人的形象串起交大故事,用交大人的脚步阐释交大精神,用交大人的视角讲述恢宏党史,通过新颖的视听语言、丰富的精神内涵,多维度呈现融媒体产品的育人价值。

同时,协同策划、统筹推进,积极为二级单位提供协助与指导,从意识形态、宣传口径、新闻传播、舆情分析等方面为二级单位护航。与校内其他单位共同协作,整合内容资源,如与招生办合作发布招生宣传主题片《非同一般的交大文科》,与钱学森图书馆联合推出《那个少年钱学森》主题 MV，与船舶海洋与建筑工程学院、设计学院等合作制作学院介绍片、活动预告片等，均得到了师生校友和广大网友的一致好评。

【案例一】打造现象级融媒体主题宣传
—— 上海交通大学"我和我的祖国"创意快闪主题宣传案例

一、宣传背景

"我的事业在中国，我的成就在中国，我的归宿在中国。"这是我国航天之父、交通大学校友钱学森对祖国的挚爱之言。他冲破重重阻挠，回到祖国怀抱的故事感动了几代人。

2018 年底，临近 2019 年元旦，上海交通大学师生齐聚钱学森图书馆，用一场洋溢着青春和热情的快闪，演绎了一曲《我和我的祖国》。在这跨越三个世纪的大学里，在钱学森学长爱国奋斗精神的感染下，把心中对祖国的热爱与祝福，都化作这一首歌，以此表达爱国之情。此次活动是上海交大师生为献礼新中国成立 70 周年，传承发扬爱国奋斗精神，以"我和我的祖国"为主题开展的快闪教育活动。

二、实施过程

交大基于融媒体宣传视角，全面整合内容资源与传播渠道，以"移动优先—联合策划—分级生产—全媒发布"的机制，积极打造有深度、有温度、有影响力的现象级融媒体产品。

1. 联合策划，加强平台矩阵联动

以主流媒体、学校官方新媒体矩阵为抓手，通过官方微信、微博、抖音等平台，统一策划、并联发声、分层实施，以图文、视频、动图、互动等形式进行网络推广。

2. 分级开发，协同扩大传播效应

充分结合各平台的传播特点和优势，以及受众的差异与选择，分级开发不同内容，发挥微信"校园微门户"、微博"流量聚集地"、抖音"新兴短视频"的平台作用，以"图文、影音、直播、短视频、主题片"等形式，协同合力扩大宣传效应。

其中，官方微信结合"表白祖国""迎接新年"等主题及关键词，自主设计视觉产品，推出"创意快闪，交大学子共唱我和我的祖国""交大日历陪你跨年，2019 我和我的祖国一起出发"的图文、视频内容，彰显交大人的精神风貌，激励学子爱国奋斗，与祖国同向同行，极大地激发了大家的认同感和爱国情怀，获得社会一致好评。

官方微博基于更新频率快、互动率高等属性特点，通过校际联动、转发、评论＋抽奖等方式，与网络大 V、兄弟高校以及粉丝积极开展互动。累计发布了【央视首发！交大师生精彩快闪，献唱＃我和我的祖国＃】【"我和我的祖国，一刻也不能分割……"，和交大人一起＃比心中国＃】等 10 余条内容。

官方抖音侧重短视频的呈现与传播，基于此特点进行视频剪辑二次创作，凝练聚焦"我和我的祖国交大快闪""歌唱祖国""微小的努力"等主题，在此期间制作发布了 10 余条相关内容，画面精致、节奏和谐、配乐振奋，掀起正能量传播高潮。

3. 全媒推送，形成集群发展态势

在传播渠道方面，围绕央视公益广告、主题 MV、高校快闪

花絮，以"两微一抖"、多平台矩阵集群发声为核心，联动校内自有新媒体平台和校外主流媒体、联动传统阵地和新兴渠道、联动线上互动和线下交流。各平台在不同时间、节点，切换视角聚焦不同主题进行推送，并获得共青团中央等官方账号、知名校友等大 V 转发，在短时间内形成刷屏态势。

三、宣传效果

上海交大为教育部新闻办重点推送的九所高校之一，也是央广首发并全平台推送的两所高校之一，交大主题快闪片是腾讯面向 10 亿微信用户全网推的唯一高校。2019 年跨年夜与元旦，连续两天登上央视《新闻联播》。

主流媒体方面，上海交大《我和我的祖国》快闪视频，获得中央电视台 1 套新闻联播栏目，中央电视台 13 套新闻直播间、共同关注、东方时空栏目，中央电视台 4 套中文国际新闻联播栏目，中央电视台公益频道，央视新闻客户端，中央人民广播电台等媒体的重磅报道，滚动播出超过 10 次。

官方微信累计点击量超 21 万人次，点赞约 2000 人次，评论约 500 人次。另外，还获得人民日报、央视新闻、微言教育、上海教育、腾讯新闻、中国青年报、共青团中央等官方微信予以转载报道，阅读点击量超 220 万人次，点赞约 1.5 万人次，评论约 2000 人次。

官方微博内容获得人民日报、共青团中央、中国青年报、上海发布、央视新闻等官方账号，以及著名学子、校友、兄弟高校等约 30 位微博大 V 的转发，累计阅读点击量约 600 万人次，互动数约 1.4 万人次，其中转发约 1 万人次，评论约 1000 人次，点赞约 3 000 人次。

官方抖音相关短视频累计播放量 330 万人次,点赞数 14 万人次,评论数 1 600 人次。其中单条最高播放量超 120 万人次,点赞超 12 万人次。相关内容"交大师生齐聚钱学森图书馆,演绎一场青春热情的快闪,表达爱国热情"获新华社官方抖音号转发。

总体传播数据:

截至 2018 年 12 月 31 日晚 22 点,央视等主流媒体滚动播出相关内容 10 余次。交大新媒体全平台共发布相关内容 20 余条,并联动 10 余所高校进行互动,累计阅读、收看约 900 万人次,互动约 16 万人次,其中转发约 5 000 人次、评论约 3 000 人次、点赞约 15 万人次。

同时,奥运冠军王励勤、马龙、徐莉佳、世界冠军潘晓婷、汪顺、徐嘉余、张国伟、乐靖宜、黄楠雁、王文霏,斯诺克名将丁俊晖,男篮国手周琦、王哲林、刘炜,乒乓球评论员柯瑞子、脱口秀演员史炎等约 30 位知名学子、校友、网络大 V 进行了转发、转载,其中转载获得阅读、收看约 700 万人次,转发、点赞等互动约 3.1 万人次。

以上内容累计获得阅读、收看约 1 600 万人次,互动约 20 万人次,其中转发约 1 万人次,评论约 6 000 人次,点赞约 18 万人次,生动展示了人民群众对伟大祖国的深厚感情、对美好生活的热切期盼,引起青年学生群体和社会各界的热烈反响。

四、案例小结

特色亮点:通过新颖的快闪形式、丰富的主题元素,多维度呈现交大特点。形式方面,以一场线下活动的形式开展了一场"沉浸式"爱国教育课程,既生动又富有内涵,同时也让参与的师生有更深的体会;场景方面,钱学森图书馆凝聚和展示了"航天之父"、交大校友钱老独特的事迹和精神,极大激发了读者观众的爱国主义情怀;人员方面:老教授、青年学子、少年讲解团,交大师生三代人共唱爱国之歌,引发广泛共鸣;艺术方面,导弹模型旁插入了钢琴、小提琴、中音号、书法等元素,呈现了艺术与科学的空间对话,丰富了影片生动度。

借鉴意义:作为上海交大首个融媒体产品,本次主动宣传案例实现了主题实践、生产机制、呈现形式、人员团队以及传播渠道等方面的融合。

(1)融主题实践。"我和我的祖国"创意快闪既是一次主题活动,也是一堂生动的爱国主义实践课程。

(2)融生产机制。联合策划,分层开发,结合微信、微博、短视频不同平台属性,集中生产发布相应作品。

(3)融呈现形式。一场活动、一首歌曲、一部影片、一则新闻素材、一条推送,融合快闪、视频、图文、动画、音乐等呈现形式。

(4)融人员团队:策划、制作、发布团队融合了新闻记者、导演、摄影、摄像、音乐等人员,集成力量,高效协作。

(5)融传播渠道:大屏加小屏结合,新闻首发,大屏滚动,自有平台同步,并联动主流媒体链式传播,实现影响力最大化。

五、报道情况

2018年底,临近2019年元旦,上海交通大学的师生们齐聚钱学森图书馆,用一场洋溢着青春和热情的快闪,演绎了一曲《我和我的祖国》,以此表达爱国之情。中央电视台1套新闻联播栏目,中央电视台13套新闻直播间、共同关注、东方时空栏目,中央电视台4套中文国际新闻联播栏目,中央电视台公益频道,央视新闻客户端,中央人民广播电台予以重磅报道,中国教育报新闻办、人民日报、光明日报融媒体平台、上海教育微信号、腾讯新闻、共青团中央、新浪视频、网易新闻、百度等予以转载报道。

【案例二】打造破圈层融媒体产品及链式传播品牌效应
——以上海交通大学脱贫攻坚主题宣传为例

在媒体融合发展背景下,上海交通大学积极探索,通过立体生动、深度挖掘、技术赋能的内容,生产优质丰富的融媒体产品,展现上海交大的历史底蕴、优良校风,在潜移默化中实现育人工作的价值引领。

上海交通大学自2012年起对口帮扶云南省大理州洱源县。2020年,在帮扶脱贫工作取得一定成效的重要节点,同时在建党100周年即将到来之际,恰逢决战决胜脱贫攻坚、"十三五"规划收官之年,结合教育部"我的2020——全国高校师生扶贫微视频"展示活动,上海交大紧抓宣传时机,以"立体生动、深度挖掘、优质丰富"为基础,以"1场新闻发布会、1部主题微电影、N项专题策划、系列专栏报道"为思路,推出一系列有态度、有温度、有厚度、有力度的融媒体作品,全方位展现上海交大的帮扶事迹与成效。主流媒体发布相关报道150余篇，央视《新闻联播》、新华社、人民日报、学习强国、云南网、大理发布等平台首屏推荐，全网累计传播量约2000万次。打造从校内到社会、从师生到大众、从沪上到全国的"破圈层"传播效应，实现媒体平台的育人载体作用，取得了良好的宣传效果。

一、主要做法和特点

1. 深度挖掘：多维策划，全面展示典型事迹历程

上海交大对口帮扶洱源县，确立"扶智为主，全力而为"的原则，开展了农业产业、基础教育、水质生态、民生工程、医疗卫生等多方面的工作。2018年，洱源县实现脱贫摘帽。在系列宣传中，侧重典型事件、聚焦人物精神、突出实战成效，深度挖掘帮扶具体历程，以深度报道、现场采访、成果发布等形式，刻画交大人脚踏实地的精神。

在"牵挂·情满扶贫路"特别报道中，讲述上海交大环境学院孔海南教授主动请缨洱海治理、逐步建立研究院、培养新一代治水人的艰辛历程，央视《新闻联播》聚焦报道孔教授洱海治理事迹（见图6-4）；系列深度报道中，展示了挂职干部发挥专长，主动服务当地特色产业发展、脱贫党建两手抓；交大多位"阿鹏"扎根高原水乡，扶贫更扶智；驻地打造"带不走的医疗队"，助力当地医疗卫生建设……在微电影中，真实展现帮扶工作开始阶段的进展艰难，在不断地努力下终于被当地乡亲理解和支持，逐步取得成效。对帮扶历程的深度挖掘、真实展现，让宣传内容有了厚度，让故事有了触动人心的力量。

图6-4 新闻联播截图

2. 立体生动:视角独特,亲切讲述交大帮扶故事

围绕脱贫攻坚主题,系列作品中的微电影《彩云之交》(见图6-5)根据交大对口帮扶洱源县的真实事迹和原型人物改编,从白族小男孩的视角,讲述9年帮扶故事。微电影主创团队均为交大师生和校友,片中群演由当地群众支持出镜,全片取景于洱

图6-5 影片截图

源。小男孩的本地口音、当地群众的朴实面孔、自然村落的动人美景,将这段故事立体生动地展现给全网观众,感人至深。

同时,多项脱贫攻坚专题策划、系列专栏报道也同步展开,通过参与扶贫工作的交大人和接受扶贫帮助的当地人等不同视角,讲述交大在当地不同行业进行的具体工作。接受教师培训的中学音乐教师、高中接受支教后考入交大并成为支教团一员的洱源学生,还有众多成为支教团云南队成员的交大学子,他们从不同视角、用各自的切身感受讲述帮扶和被帮扶历程,细枝末节处更显生动。

3. 优质丰富:形式多样,充分拓展全网传播效应

强化媒体融合理念,积极主动推进校内外联动、线上线下结合。由主流媒体同步助力,推出众多优质作品,实现全网增益传播效应。新华社、人民日报、央视、中国教育电视台等媒体平台刊登主题报道 150 余篇,全网多平台同步发布微电影全片。

在内容的呈现形式上,坚持探索尝试。除了常规图文报道、主题画册、系列采访,原创主题微电影是本次宣传的全新尝试。通过优质的内容、丰富的形式,生产能走进人心、唤起共鸣、印象深刻的融媒体作品,将交大精神与理念融入故事,达到良好的传播效果。

二、传播效果

1. 内容相融,作品丰富,举办专题新闻发布会

2020 年 10 月 25 日,脱贫攻坚专题新闻发布会暨主题微电影首发活动在上海交大徐汇校区举行,校领导和相关部门负责人出席,会议介绍了《上海交通大学对口帮扶云南省洱源县纪实》画册和主题微电影《彩云之交》,并远程视频连线在洱源挂职的一线扶贫干部,作为系列主题宣传的线下发布仪式,为立体深度宣传打响第一枪,达到了良好的效果。

2. 平台互通,首发造势,原创微电影全网发布

发布会主题微电影《彩云之交》通过30余个平台全网发布,交大官微阅读10万+,《人民日报》官方微博阅读量近400万,教育部、学习强国、央视频、腾讯、百度等平台首屏全片推荐,相关主流媒体报道150余篇,全网累计播放量约2 000万次。多平台联动,优质内容迅速刷屏,极大提升了传播效应和影响力(见图6-6)。

图6-6 媒体报道截图

3. 媒体联动,部门配合,共同打造融媒思政课

以脱贫攻坚为主题,校外联动中国教育电视台,首批推出

"牵挂·情满扶贫路"系列报道,打造融媒体思政课新形式。在校内,党委宣传部与医学院、环境科学与工程学院、农业与生物学院等多个单位协调配合,通过人物故事、线下活动等方式,渗透脱贫攻坚故事与工作成果,在师生群体中切实达到宣传和教育效果(见图6-7)。

图6-7　教育部门户网站专题页面

【案例三】未至之境形象宣传片

全新视角融媒策划,打造交大特色作品

上海交大在近年来推出了多个媒体融合作品,不断探索建

设高校媒体融合发展平台。在传统媒体和新兴媒体全平台取得了强烈的反响,也在校园同学中引起了广泛的传播,师生们在一起不断创造有思想、有温度、有影响力的融媒体产品。

2021年4月14日,上海交通大学125周年形象宣传片《未至之境》震撼发布,用全新的、不同以往的视听语言,全面呈现交大形象,诠释交大人的责任、传承与未来。影片将视角集中在十余种学科前沿、社会前线的人物故事,通过多个领域"未至之境"的描写,全面展现交大的实力与担当。视频在上海交大官方微信公众号、官方微博、人民号、中国教育发布号、央视频、B站、抖音、快手等线上平台播放,学校官方微信发布后,浏览量迅速突破10万+,微博、短视频等融媒体聚合平台24小时累计播放量突破3000万人次。此外,还得到央视《新闻联播》等主流媒体报道,亮相人民日报、教育部、解放日报的五一、五四主题片(见图6-8)。

图6-8 媒体报道截图

在传播渠道上,上海交大以融媒体思路,增强校内外联动,做好顶层设计,全方位全媒联动,融合最大增益。融合校内/校外、传统/新兴、线上/线下、大屏/小屏多种形式渠道,最大化传播。依托主页、新闻学术网、校报、发布会、手机移动端联合策划,不同平台分级开发,进行全平台传播,校内新闻发布平台同时联动校园网络文化工作室的微信内容,进行挖掘和二次转播。平台贯通融合借力,充分挖掘聚合效应,依托交大新媒体影响力,拓展校外平台,如教育部、上海发布、上海教育、人民日报、新华社、央视、光明日报等主流媒体平台。此外,还联动线下大屏,在重要节点同步亮相。上海交通大学建校 125 周年校庆之际,上海的外滩、世博谷、徐家汇,北京的王府井、北京站,广州的广州塔,同步大屏展示校庆内容及形象宣传片《未至之境》,吸引线下人流量,助力更广泛的传播(见图 6-9)。

图 6-9　线下播放场景

围绕影片,上海交大以融媒思维,策划新闻专题发布会,引领链式效应。2021 年 5 月上海交通大学举办"党史学习教育"融媒视觉计划启动暨形象宣传片《未至之境》总结研讨会,通过总结《未至之境》及交流高校"党史学习教育"的探索与实践等话题,加强与兄弟院校及业界媒体间的联系,为高质量的党史学习教育宣传模式及高校视觉形象矩阵建设、融媒体中心的进一步发展凝聚智慧,累积了实践经验与影响力。

【案例四】红色资源挖掘与呈现
——深挖红色校史资源,塑造弘文立德高地

近年来,持续打造交大视觉矩阵,逐渐形成建设机制。组建校级层面的核心团队、二级单位和院系宣传队伍、校园网络文化师生工作室、专家智库和特色学科支撑等四支融媒体工作队伍。综合吸收策划、采编、摄影、摄像、美编、剪辑、编程、数据分析等专家人员,搭建从"输入—培养—输出—反哺"的自平衡共协调的可持续人才培养体系。围绕全面完成脱贫攻坚战、建党百年、党史学习教育、红色校园等重大专题,积极联合主流媒体及其融媒体平台推出《彩云之交》《百年校园红色路》《心之所向》等一系列有深度、有温度的策划内容,用交大人的形象串起交大故事,用交大人的脚步阐释交大精神,用交大人的视角讲述恢宏党史,通过新颖的视听语言、丰富的精神内涵,多维度呈现融媒体产品的育人价值。打造交大视频宣传矩阵,着力打造由介绍片、形象片、微电影、专题片、纪录片等组成的视频宣传矩阵,立体化学校视觉形象。

同时,协同策划、统筹推进,积极为二级单位提供协助与指导,从意识形态、宣传口径、新闻传播、舆情分析等方面为二级单

位护航。与校内其他单位共同协作，整合内容资源，如与招生办合作发布招生宣传主题片《非同一般的交大文科》、与钱学森图书馆推出《那个少年钱学森》主题 MV，与船舶海洋与建筑工程学院、设计学院等合作制作学院介绍片、活动预告片等，均得到了师生校友和广大网友的一致好评。

落实红色基因挖掘工程，依托徐汇校区跨越三个世纪的丰富资源，2021 年上海交大推出《循声探秘交大》沉浸式校史情景剧，路线涵盖华山路校门、老图书馆、第一个党团支部纪念碑、工程馆、史穆烈士墓、百年校庆里程碑等一座座凝结深厚历史文化底蕴的建筑风物，通过感受身临其境的声效和音乐设计以及生动的现场实景表演，生动再现历史的印记，串联交大历史、人物、建筑、风物，以小见大地展现党和国家的发展历程。

围绕"庆祝建党 100 周年专项工作"，凸显原创文化涵养家国情怀，创作筹备上海交通大学原创校史舞台剧《积厚流光》，选取学校百年历史中的精彩瞬间和感人画面，通过结构宏大的演出艺术再现交大历史生活场景，献礼中国共产党成立 100 周年、上海交通大学建校 125 周年。

大型原创话剧《侯绍裘》由松江区联合上海交通大学、上海戏剧学院共同创作，通过讲述侯绍裘的革命道路和成长轨迹，歌颂侯绍裘烈士以一腔热血投身革命，慨然担当、舍己为民的大无畏精神，并期望通过生动的话剧演绎，对青年一代产生亲近感与感召力，激励青年学子学习党史，主动追寻红色足迹，传承英烈精神。这是歌颂交大英烈事迹、激励学子传承英烈精神的重要

尝试。舞台之下,交大党史故事系列纪录片《寻路》也通过跨越时空的手法,以侯绍裘曾孙侯昊翔的视角讲述着曾祖父热爱办学、热爱教育的足迹,交大精神薪火相传,永不止步(见图6-10)。

图6-10 影片截图

为庆祝中国共产党成立100周年,结合开展党史学习教育活动,上海交通大学推出党史故事主题大片《民主堡垒》,"献礼建党百年,传承红色基因"。跨越三个世纪的交大徐汇校园有许多红色地标。这里曾诞生过最初的革命星星之火,也被誉为上海市乃至全国的"民主堡垒"。视频追随交大原党委宣传部部长、老地下党员曹子真的脚步,随她重游校园,一步步回顾交大校园中的红色记忆,听她娓娓道来的不仅是动人的党史故事,更是百年传承的珍贵红色精神(见图6-11)。

图6-11 影片截图

第**33**式　网络文化

设师生工作室，协同百花齐放

网络文化品牌建设，一直是上海交通大学的传统优势。1996年，学校正式开通了门户主页、创建高校首个BBS论坛；1999年率先提出"思想政治教育进网络"；2004年承建教育部中国大学生在线，2005年承建上海大学生在线，2006年创建辅导员博客、eClass等；2013年《唱响网络主旋律，开拓育人新领域——上海交通大学十余载持续推进校园网络文化建设》获得第八届全国高校校园文化建设优秀成果特等奖。学校新媒体工作一直在全国处于领先地位，官方微博、官方微信2015年、2016年荣获全国高校双第一。2017年，上海交大与新浪微博共建网络文化品牌研究院；同年，上海交大举办国家网络安全周教育主题日活动，成为青少年网络安全与文化教育示范基地。持续深入推进网络安全进校园活动，开展网络安全技能大赛，推动一流网安学院与相关部门合作共建，筑牢网络安全防线，获评上海市网络安全先进单位。

按照"属地管理、团队运营、底线思维、百花齐放"的理念，我们在校院两级培育建设30余家大学生网络文化工作室，探索大学生参与校园网络文化建设的有效模式。

一、属地管理，建设全员参与机制

由学校网络宣传与管理领导小组牵头，发布专门文件，按照"先申报、后培育；先建设、后挂牌"的原则，于 2014 年 11 月，启动南洋通讯社、益友报等 8 家第一批工作室培育建设，由党委宣传部、学指委（团委）等部门具体指导；于 2016 年 1 月，启动红色正能量 SEIES、菜园、心灵巴士等 10 家第二批工作室培育建设，由电院、材料、物理等院系具体指导。在工作室培育建设过程中，明确指导部门和院系的第一责任主体，鼓励懂网络懂教育的青年骨干教师担任工作室指导教师，着力打造"学校组织、工作室搭台、教师指导、学生唱戏"的工作机制。

二、团队运营，确保工作有延续

结合网络虚拟的特点，为保障工作室项目及活动能持续推进，推动工作室采用团队化运行。指导各工作室结合自身特色，搭建网络团队，形成各具特色的团队文化。参照学生社团考核标准，制订《上海交通大学大学生网络文化工作室分级分类管理办法》，给予工作室一定的政策、经费支持。启动建设"我们的易班"——网络团队线下交流中心，按照工作室申报、网宣办审核的流程，引导一批工作室入驻中心，设置展示、交流、路演等专区，强化工作室的线下互动。

三、底线思维，严把内容出口关

在学校党委的相关文件中，将网络平台阵地管理作为相关单位督查及追责的重要内容。出台《学校校园网站建设与安全管理办法(试行)》《学校关于微博、微信审批备案的若干规定》等文件,制定《新媒体负面清单》《新媒体建设与管理承诺》等制度,强化大学生网络文化工作室的内容监督与管理。同时,建设一支"专兼结合"的工作队伍,借助可靠的网络技术手段,强化网络信息收集,全天候全方位感知网络,及时掌握工作室产品内容及信息。

四、百花齐放,激发学生创作活力

鼓励工作室采用项目制形式申报活动,先后支持博闻研微、双微、触电视界、仁·闻等工作室开展了全球华语大学生短诗大赛、南洋微评、学生综合测评网、语伴等富有温情有特色的活动,推出了一大批正能量的微视频、微电影及软文,繁荣校园网络文化。依托学校大数据传播创新实验室专业力量,采用全景数据评估办法,每月进行工作室网络传播力排行,促进工作室相互借鉴相互学习。按照动态管理的思路,每学期组织两次工作室考评,从组织建设、正能量作品、网络影响力、学生主体作用发挥四个维度综合考核,根据考核结果予以推优奖励。

2017 年,我们在 19 家网络文化工作室中深入开展了"一室一品"工程,旨在将工作室已有的工作和成果进一步凝练,使之品牌化,打造一批网络文化特色项目,发挥其在全校网络文化建设中的引领作用。如博闻研微大学生网络文化工作室策划组织的"全球华语短诗大赛",从 2014 年 5 月至 2023 年底,已举办五届全球华语大学生短诗大赛,覆盖全球 2 388 所高校,参与学生

2.9万人,阅读总量超过 9 亿。如安泰 Power 团队的"互联网＋信用校园"项目,成为蚂蚁金服和上海交大合作的载体,使上海交大成为全国首个互联网＋信用校园。又如,电院 e 家人大学生网络文化工作室联合腾讯 QQ 智慧校园举办互联网开发与创意设计大赛,南洋通讯社和"掌上交大"大学生网络文化工作室联合新浪举办全国公益摄影大赛⋯⋯

通过探索和实践,我们得出以下几条经验。

1. 每个网络文化工作室都是网络阵地

互联网是一个既虚拟又真实的世界。一些严重违反核心价值观的丑恶现象利用网络广为传播,如果不能从网络上接受正面力量的潜移默化,负面信息就会乘虚而入。所以我们要高度重视网络文化建设,完善网络交流平台,加强网络管理,唱响主旋律。

2. 用优质原创网络文化壮大民间"舆论场"

依托大学生网络文化工作室,更加有效整合"主流"和"民间"两个舆论场,建设具有强大传播力和影响力的民间舆论场。创作大批正能量的网络作品,为两大舆论场提供内容供给。

3. 网络文化必须坚持品牌化运作

网络具有即时性、碎片化的特点,很多"网红",包括网络文化作品、网络大 V、校园"网红"等,在网上的热度来得快,去得也快,难以形成可持续的传播效应。因此,要坚持以品牌化的建设思路推动大学生网络文化工作室的建设。通过品牌定位、开展品牌活动、挖掘品牌效应、塑造品牌形象等来提升网络文化建设质量,形成真正的网络文化品牌。

第34式 草船借箭

开放合作渠道，引流正向能量

为深入贯彻落实习近平总书记的全媒体理念，探索高校媒体融合发展新道路，开拓校企合作共赢新局面，探索人才培养新模式，上海交通大学加强与主流媒体及业界企业合作，提早布局、全面运营。多年来，上海交通大学围绕构建一体化育人体系，以提升网络育人组织力、引领力、向心力和品牌力为重点，持续加强网络思政和网络文化建设，积极营造风清气正、健康清朗的网络生态。

一、校内矩阵协同管理

上海交通大学在网络宣传阵地建设方面具有良好的传统，上海交通大学融媒体中心，以"三微一网多平台"为基础，持续完善新闻及网络宣传矩阵建设，凸显网络文化价值引领作用，于2019年9月获评教育部首批15家教育融媒体建设试点单位之一。希望在短视频浪潮中，各高校共担使命，为人才培养拓展新载体，实现新兴网络媒介生态下校园文化的展示和正能量传播。

统筹学校1000多家网站、700多个新媒体公众号、200多块户外电子屏纳入矩阵管理，在内容生产、协同传播、联动支撑等方面,最大限度汇聚网络"育人资源"。搭建以官微为主导,以官方抖音号、快手号等20多家官方网络新媒体平台为支撑的聚合式融媒体平台。连续四年举办上海交大网络文化节,承办上海高校网络文化节,形成"1+1+N"一横一纵多链条的健康清朗网络生态体系,用优质网络作品和丰富的网络文化活动,涵养师生网络素养。累计发布100多个网络引领项目。每年招募100多名网络文明志愿者,践行网络公益,构建清朗网络生态。

二、校外平台合作借力

在媒体融合的背景下,随着互联网的快速发展,短视频迅速崛起。上海交大强化融媒体思维,在高校中率先开通建设短视频阵地,紧抓热点,围绕亮点进行短视频+直播探索。聚"交"校园生活,传递正能量故事,短视频平台通过打造最美校园、交大智慧、我的 Vlog、交大日常、人物故事、官方快讯、交交互动等七大栏目,与国际交流处、校团委、二级院系等开拓建立了良好的联动渠道。截至 2023 年底,生产原创短视频作品 1000 余条,累计播放量 4 亿+。其中抖音粉丝突破 100 万,内容建设和传播效应引领全国高校,其中有近百条短视频登上抖音当日热点榜。快手总播放量超过 3.5 亿,获评"2020 年度最具影响力高校官方账号""2020 高校快手号年度影响力奖""2020 年度政务抗疫短视频优秀传播力奖"。B 站与学习强国、共青团中央等进行多次专题合作,获评"2020B 站高校优秀校园活动组织奖""2020 哔哩哔哩十大最美校园"。微视总播放量 500 万+,粉丝数目前排名高校第二,联动人民网"高考加油"等选题,与主流媒体深度合作,与平台紧密联系,获评"最具影响力高校微视号",融合借力进一步加强学校社会传播力和影响力。指导学生作品入选《人民日报》"未来你好"等精选作品,获网络文化节优秀作品等荣誉,积极发挥视频平台的育人载体效用,卓有成效。

近年来,在线教学及线上直播需求与日俱增,媒体个性化、可视化内容需求不断增加,直播逐渐成为云端育人新常态。上海交大积极联动盘活全媒体资源,围绕"重要典礼""主题讲座""特色课程""招生宣传""系列论坛"等主题,开展了百余场次直播,观看量超 2 亿,全面提升媒介素养,拓宽重大活动宣传途径,探索基于融媒体背景的网络育人"在线课堂"。同时,为进一步加强校园内网络直播平台正面引导和规范管理,保护广大网民合法权益,倡导平台加强网络文明建设,培育向上向善的网络文化,践行社会主义核心价值观,促进网络直播平台健康有序发展,制定了相关直播申报及管理办法。

百年正青春,对话 Z 世代,2021 年 12 月 31 日,上海交通大学—哔哩哔哩融媒体育人实践基地共建仪式暨校园生态视频创作培育研讨会举行,共话校企融媒共建新篇章(见图 6 - 12)。

2019 年 11 月 28 日,由抖音主办、上海交大承办的"全国高校短视频影响力大会"在上海交通大学徐汇校区法学院东方会堂举行。来自清华大学、北京大学、浙江大学、复旦大学等全国60 余所高校的新媒体团队代表、校园短视频创作者代表 150 余人参加了会议。

图 6 - 12　会议新闻图

三、网络大 V 引领正能量

　　网络舆论事件的演变，正面或负面，其中必然活跃着微博大V 的身影。微博从发轫走向成熟，用户井喷式增长，俨然成为我国目前最重要的网络舆论场之一，其影响早已超越了虚拟网络，与现实世界息息相关。充分发挥微博大 V 的影响力作用，引领正能量传播，是新媒体时代传播的大势所趋。下面从发挥微博大 V 的舆论监督、公益和突发事件的积极作用等方面，辅以上海交通大学充分利用微博大 V 引领正能量传播的案例，浅谈微博大 V 如何助力新媒体建设、引领校园正能量传播。

　　微博加 V 认证是指微博官方对某些用户身份、职业、影响力等方面进行审核，认证其为具有一定权威性和公信力的用户，并在其账号名称后添加"V"标识。目前微博加 V 的类型主要包括以下几种。

（1）个人认证：包括政府官员、媒体人士、企业高管、明星艺人等。

（2）机构认证：包括政府机构、媒体机构、企业机构等。

（3）微博达人认证：指在微博上拥有一定影响力和粉丝量的个人用户，需要满足一定的条件才能获得认证。

（4）微博自媒体认证：指在微博上发布原创内容的个人用户，需要满足一定的条件才能获得认证。

（5）微博品牌认证：指在微博上拥有一定品牌影响力的企业用户，需要满足一定的条件才能获得认证。

不同类型的微博加 V 认证，其认证标准和条件也不同。

需要注意的是，不同类型的 V 认证标志颜色不同，但其具体含义和认证条件可能会有所变化，具体以微博官方公布的认证标准为准。

按照账户申请主体不同，我们在处理宣传引导时，将微博大 V 分为两类：个人大 V（即"意见领袖"）和机构大 V（即"流量引导"）。个人大 V 在舆论监督、突发事件、维护公众利益、推动民间公益的发展和引领公众行为等方面可发挥积极作用。机构大 V 一般代表政务微博、媒体微博，在舆论引导方面比传统媒体更具优势，对传播正能量、构建和谐社会发挥着举足轻重的作用。

1. 个人大 V 正能量传播

1948 年，美国学者保罗·拉扎斯菲尔德在《人民的选择》一书中提出"意见领袖"的概念。在传播学中，"意见领袖"通常是指"活跃在人际传播网络中、经常为他人提供信息、观点或建议并对他人施加个人影响的人物"，微博中的意见领袖也即我们俗称的个人大V。微博大V虽有分化,的确存在一些颇具争议的用户,但大多数大V仍是积极向上正能量传播者。在自媒体时代,传统媒体舆论监督工作颇受限制,而微博对这种限制的消解使得其发挥的作用越来越大。近年来,微博成为反腐工作中的新亮点,微博大V通过直接发布第一手信息或者转发评论等方式,自上而下打击腐败,凸显大V正能量功能。在一些突发事件,如突发自然灾害等时期,大V发挥着强大的社会动员作用,弥补了官方、传统媒体等某些方面的局限。网络无边界,大V的一言一行影响力巨大,振臂一呼,世界各地网友会纷纷响应。具有强烈责任感的大V积极参与社会议题、表达观点、关注弱势群体、维护公民利益和推动民间公益等,虽是举手之劳,却可以发挥巨大的社会能量,例如潘石屹通过对PM2.5的微博播报推动环保部门积极改革等。

2. 机构大V的正能量传播作用

2013年国务院办公厅发布的《关于进一步加强政府信息公开回应社会关切提升政府公信力的意见》中多次提到政务微博,要求各省(区、市)人民政府积极探索用政务微博发布政务信息,确保在应对重大突发事件时"不失声""不缺位"。由此可见,蓝V的正能量传播已不容忽视,尤其是各级党政机构的政务微博与各级媒体的微博,数以百万计的粉丝赋予了蓝V巨大的影响力,在舆论引领方面不可或缺。蓝V所代表的团体使得其利用各种方式传播正能量成为其题中应有之意,官方通过蓝V与民沟通,上情下达,提供了一个平等的传播平台,从而更好地弘扬主旋律、传播正能量。

3. 上海交通大学微博建设优秀案例

（1）上海交通大学官方微博。作为第一批试水微博的高校，学校在 2010 年 2 月开通"新浪官方微博"。通过发动师生共建，采用通过微直播、微上墙等形式，举办微博建设专题培训班，官微影响力不断扩大。截至 2023 年 10 月 31 日，新浪官微粉丝逾 300 万，全年综合影响力在高校微博中名列前茅；在 120 周年校庆之际，上海交通大学官方微博、研究生联合会微博共同策划推出的"百廿交大，多少人曾爱慕你年轻时的容颜"，引起全球交大人和全社会的强烈共鸣，并登上腾讯新闻头条、百度首页等各大平台，人民日报等主流媒体、自媒体刷屏转发，累计阅读量达 10 亿多次。

（2）校友大 V。校友资源不仅是高校的育人资源、信息资源、财力资源，更是高校重要的品牌资源。充分发挥正能量校友大 V 的品牌效应，不仅可为大学生成才提供指路明灯、发展搭建桥梁、成长保驾护航，校友大 V 巨大的网络影响力更对学校新媒体建设意义深远。高校应该提高对校友大 V 重要性的认识，拓宽校友大 V 参与高校新媒体建设的渠道，重视与校友大 V 的互动与合作，以便更好地发挥校友大 V 在高校新媒体建设中的作用。上海交大十分重视校友大 V 这一资源，微博大 V "潘晓婷""刘国梁""姚明"等都是我校杰出校友，长期与学校保持联系，为我校学生培养树立了良好的榜样，校友大 V 们有力的网络正能量传播，对学校新媒体的建设功不可没。

第35式 江流入海

搭乘信用校园，活动扩散影响

在互联网＋时代，信用已成为个人与社会的一种全新的生活方式。"互联网＋信用校园"品牌是上海交通大学携手蚂蚁金服共同建立的，具体由党委宣传部指导，以安泰"Power灯塔"大学生网络文化工作室为依托，面向青年学生，旨在引导大学生培养诚信意识，建立正确的信用观。该品牌是上海交大大学生网络文化节的重要组成部分，同时也是上海交大与蚂蚁金服战略合作的重要组成部分。大学生由于自身心理素质不成熟、社会阅历浅、责任意识薄弱、思辨与分析能力欠缺，对社会上多种不良现象缺乏清晰认识，加上自控能力较弱，容易放松对自己的自律，从而导致校园信用危机。2017年9月15日，在上海举行的大学生信用节上，上海交通大学和蚂蚁金服探索和共建国内首个互联网＋信用校园体验活动举行。上海交大学生以后在校内可以不需要押金就借到雨伞、充电宝等，在无人自助零售柜买东西还可以先享用后付钱。在互联网＋大背景下，通过这些有信用的校园生活场景，不仅是给学生带来生活上的便利，更重要的是学生能够更深感知到信用的价值。

意识到信用的不断累积，未来还能享受到更好的服务。这种正向激励作用有助于形成更浓厚的校园信用氛围，完善和加速校园信用体系建设。互联网＋信用，让大学校园更便捷、更美好。上海交大的学生可以通过信用在校园内的各种信用设备站点，体验到借雨伞、充电宝、图书免押金，在无人自助零售柜购买饮料扫码拿走后自动代扣，还可以体验到线上学习先学后付、兼职工作预结等十多种信用服务。"没想到信用在校园也可以当钱用了。"交大安泰经济与管理学院的徐同学在接受记者采访时说，"希望未来更多的校园生活场景都能体现互联网＋思维，让信用在大学更有价值。"蚂蚁金服方面介绍，除了这次开放其在支付、信用、大计算的能力外，他们还将携手信用生态合作伙伴一起，为上海交大学生提供智能化的信用服务体验，未来会将信用寄件、先学后付、信用就业等陆续落地，助力交大的互联网＋信用校园建设。此外，蚂蚁金服旗下的芝麻信用也与真爱梦想基金合作，开发信用课程，为学生普及信用知识，引导学生树立正确的信用观和消费观。在校大学生正处于价值观形成的关键阶段，树立正确信用价值观，不仅可以避免被消费金融误导，并且有助于形成信用校园氛围。

随着通过信用实现的先享受服务后付费、信用免押金、信用免跑腿等服务模式在交通、借还、政务等领域的兴起，人们的生活更便利了，对于信用的价值也有了更加实在的感知。相关数据显示，截至2017年8月，国内已经有来自284个地级行政区超过2600所学校的大学生开通了芝麻信用分；超过3/4的大学生申请过信用服务，信用免押骑行，其中信用借还充电宝、雨伞等服务是大学生比较喜爱的。丰富大学生校园信用生态未来的大学校园会怎样？很多青年学子充满期待，他们也希望能在互联网＋信用的校园里，充满幸福感和获得感。其实，在校园信用的建设上，高校都非常重视，成立了相应的组织，制订了诚信守则等规范文件。学业、生活、实习、就业……与青年学子息息相关的日常环节，都与诚信或信用密切相关。上海交大媒体与传播学院张同学告诉记者："互联网＋信用校园体验活动，让我深刻地感受到：信用，将成为每个人一生的通行证。"此次体验活动的设备，将长期放置在与学生生活、学习较为集中的地方，以给同学们带来更多的体验和便利。上海交大和蚂蚁金服将进一步推进合作，努力将更多的信用场景接入大学生活，让越来越多的青年学子体验信用、恪守信用、享受信用，形成更为完善的大学生的信用成长体系，丰富校园信用生态圈，以激励大学生形成积极向上的价值观。此外，为了激发学生对于信用的认知，在此次大学生信用节上，芝麻信用还设立了1亿元的信用创业基金，对在校大学生开放，以激发学生信用创业的积极性，进一步丰富校园信用生态。事实上，信用校园也是信用城市的重要组成部分。芝麻信用希望通过越来越丰富的信用场景，推动大学校园和全社会形成"有信用处处畅通，无信用寸步难行"的共识，加速信用城市的到来。

　　2023年，上海交大积极开展国家网络安全宣传周主题活动。上海交通大学通过将网络融入思想政治教育工作，推动了教育事业发展迈上新台阶。2023年，学校获批中央网信办、教育部等全民数字素养与技能培训基地，承担教育部"全国高校优秀网络原创内容建设"高校思想政治专项任务。近年来,学校以习近平新时代中国特色社会主义思想为指导,秉持立德树人根本任务,充分发挥网络思政和网络文化传统优势,以网络育人为主体,以网络育人工作组织力、引领力、向心力和品牌力为支撑,不断提升网络思想政治工作的"时度效",营造了风清气正、健康清朗的网络生态,发挥了网络育人的最大效应。

第36式 纸短情长

回归传统文化,晨读短诗相伴

互联网+时代的到来,对青年学生接收信息的来源和方式产生了巨大的影响,阅读渠道和行为模式也随之发生了很大的变化。要让青年学生在短短几秒内在新媒体社群驻足,并心甘情愿地参与转发、点赞、评论,是一件非常困难的事。创建品牌是实现新媒体可持续、内涵式发展的重要路径,更是新媒体育人的重要组成部分。

品牌,不仅仅是新媒体育人内容和载体的一种识别,在它背后是具有某种共性的需求群体,这一群体具有共同的阅读习惯、文化素养、审美视角等。一个新媒体品牌的诞生是一个系统工程,在品牌的构思、定位、培育、建设、运营、推广等每一个环节,都要精心策划和运作。全国高校都在极力抢占新媒体高地,但在内容生产上,同质化、趋同化非常严重,很难增进学生和老师的认同。我们通过创建一批有影响力的品牌来拉动新媒体的内源性发展,让每个交大学生都参与到品牌活动中来,每个人都成为新媒体育人的主体,并辐射全国乃至全球。

一、案例简介:晨读,让更多的青年人被梦想唤醒

飞速运转的时代下,生活不断被节奏化、碎片化,您是否还有时间读书?"清晨那么美,约你来晨读",您可以拿出5分钟、

10分钟,或者是半小时、1小时,您可以1个人,也可以约室友、约闺蜜、约好友、约导师,甚至约明星、约校长,一起来晨读。

这就是上海交通大学官方微博倾情打造的晨读品牌。目前,已有哈佛、耶鲁、MIT、清华、北大、南大、浙大等30多所高校加入上海交大晨读品牌,一起感受被青春和梦想叫醒的愉悦。

晨读品牌定名为"清晨那么美,约你来晨读"。它创立初衷是:在生活通过一个打卡的机制,同时以发放小礼品的形式激励大家养成早起学习的习惯,并借助网络平台把经验分享给更多的同学。这个品牌立即引起了很大的反响,大家纷纷参与早起打卡,并有不少粉丝通过视频与图文的形式与我们分享他们的晨读内容。

晨读品牌具有规模后,受到了各大媒体的关注。青年报、新华网等媒体相继报道了交大学子的晨读活动,在各大高校线上平台产生了巨大影响,这一品牌随即得到北京大学、南京大学、浙江大学等全国高校官方微博推广,各大高校也逐渐上线类似的晨读活动。

截至2023年12月,话题#清晨那么美,约你来晨读#总阅读量达到2亿人次,讨论量30万人次,互动量超过45万人次,活动期间日均转评数量最高超过600次。时至今日,每天清晨与我们一起早起晨读的青年学生也越来越多,形成了良好的口碑与社会反响。

二、案例分析

迈入大学之后,早起这件事,似乎没那么必须了。不少大学生开始变得习惯赖床,甚至为了补充前一晚的熬夜少眠而翘课。晨读甚至是早起都已经变得可有可无,那么,此时我们为什么要推行晨读项目呢?

因为不曾尝试,所以不甚了解。数位曾经每天六点半起床坚持晨读"100 天+"的学长向我们分享了他们的许多经验,于生活学习都颇有益处。因此,为了向更多同学传递我们的正能量,也为了帮助大家建立一个良好的生活习惯,晨读项目应运而生。在向好习惯进发的同时,每天叫醒自己的似乎不只是闹钟,更是梦想。

三、晨读品牌创建初心

上海交通大学官方微博晨读项目创立于 2015 年年末,它创立的初衷是通过打卡机制帮助大家养成早起学习的习惯,同时借助网络平台把经验分享给更多的同学。交大官博因此将此项目定名为"清晨那么美,约你来晨读",内容由每天早晨负责的主页君配上一段经典文字发出,鼓励大家一同来早起晨读。

同时,栏目创立初期为了激励大家,微博团队拉来了赞助,各位参与的粉丝如果连续 30 天转评交大的"早安"微博,就可获赠一只全国包邮的大白玩偶。也许是因为小礼物的奖励成了一个小小的动力,参与晨读打卡的粉丝越来越多。到了首期晨读结束,一共有 210 位粉丝连续 30 天在限定的时段(6:00—8:00)转评早安帖。为此,官博团队共快递出 210 个大白小玩偶和210 个钥匙扣,地址几乎覆盖全国各个省市。

四、不断延伸拓展

首期晨读活动结束后,官博团队仔细总结了项目需要完善的机制,并且认真分析了粉丝晨读的"需求",开始筹划第二期的晨读活动。我们坚持认为,以小礼物的形式激励大家参与打卡只是一种形式,这种形式有助于大家在一个周期的活动中形成良好的晨读习惯,30 天的周期结束后,这个习惯会在每个人的心中根深蒂固,随着一期又一期的晨读活动进行,总会把短期的习惯培养成长期的习惯。

事实也确实如此,在两期晨读活动的间隙,依然有不少粉丝坚持打卡,即使没有小礼物的激励。但是我们也承诺每期晨读都会给大家提供一些交大的纪念品,作为一种激励的方式。

随着平均一个半月一期的晨读项目陆续开展,更多的粉丝参与活动并通过短视频和图文的方式向一同参与的同学分享自己的晨读内容和晨读经验。一旦这样一个良好的习惯完整形成,大家在坚持的同时也更乐于向更多的人推荐宣传,这样会在圈内形成一个良性循环,这是我们乐意看到的。

五、粉丝频繁回馈

晨读项目一路至今,参与晨读的粉丝会时常向交大官博回馈自己的体验与经历感悟,其中既有已经融入大学生活的许多大学学霸,也有向往名校坚持努力的高中生。

署名为"立志成为上交安泰人的珍果荔"的粉丝是目前为止坚持最久的之一。对她来说,效率变高,认识很多勤奋又志同的研友,都为自己接下来的复习带来更多益处。"毕竟早起的都是有目标、内心有召唤的人,只有这样的人才能克服各种赖床与挣扎。"同时,时间的契合也让她觉得有必要每天早起以一种不完全记录的方式记录整个考研过程,这何尝不是一种有力的方式证明自己一直在坚持为了目标而行动。

据统计,在坚持早起晨读签到打卡的粉丝中,还有相当一部分是以成为交大人为目标的年轻人。微博昵称为"Wes 等太阳"的网友直言:"鼓励自己继续的,我宁愿把它说得很'土',那就是梦想。我的交大梦,我的上海梦,卓越工程师之梦,等等。每天早上刷早安微博,总能很轻柔地提醒我这些。"

"早起给我最大的改变就是更加自律,学会克制和合理安排时间。以前经常会看电影或者看书到很晚,比较随性,作息很没有规律,但知道第二天要早起就会早早安排好晚上的活动,避免熬夜,早睡早起,精神变好。"湖南师大汉语言文学专业的林同学想报考厦大研究生,在谈及究竟什么才是让自己坚持下去的动力时说,大白玩偶只是一个比较具有实在性的小奖励,更大的动力来自看见主页君也在坚持,"和几百人一起在不同的地方坚持做着同一件改变自我的事情很有意义,也是自我突破的尝试"!

六、影响扩散全国

为了扩大晨读项目的影响力,同时向更大的范围宣传这种积极的生活方式,官博团队联系新浪微博校园,拟将话题♯清晨那么美,约你来晨读♯推向微博头条,同时设置 tips 更大范围宣传。线上官博团队积极联系各大高校官方微博,希望形成高校间的传递互动，收获不小成效。

随着青年报、新华网与腾讯网相继报道了交大学子的晨读活动，晨读活动在各大高校线上平台产生了巨大影响，官博团队配合北京大学、浙江大学、南京大学、武汉大学、天津大学等全国30多所高校陆续推出类似的晨读互动。至此，创立这个项目的初衷已经达到，通过官博这样一个平台，我们已经能够帮助更多人形成一个良好的习惯，他们和交大的主页君一起，在晨曦中唤醒梦想，砥砺前行（见图6-13至图6-16）。

图6-13　晨读微博内容

上海交通大学 🐎
11-23 来自荣耀8 美得与众不同

在伯克利交换的交大早安君约你来晨读 +1篇微
小的托福经验 干货 | 大一45天备战托福114
分经验贴 //@Zebra-Zebra-Maxwell:帅炸，
男神鑫，口语很流利

@Mr_Z要好好当科研狗:#清晨那么美，约你来晨
读# 快感恩节啦，就来读一篇History of
Thanksgiving吧，10000公里的晨读约么~
@Mrs_Z要好好减肥 @上海交通大学 🔗
Memoirucal的秒拍视频

 上海交通大学 🐎
11-29 来自晨读时用的Android

#清晨那么美，约你来晨读#一起早起，一起晨
读🌝 期待你的原创视频互动，我们将定期寄
出交大手绘明信片、交大定制徽章等小礼品回
馈粉丝。一起来吧！🌝

@好人嘉:#清晨那么美，约你来晨读#现在是早晨
7:30，我在上院读《繁花》，希望大家都能早
起，不负青春似锦~@上海交通大学 口好人嘉的秒
拍视频（使用#秒拍#录制，免流量看热门短视
频！）

图6-14 主页君带你一起晨读

 上大 足球筏 🔵 ⬜ 十天注
21-4-19 15:24 来自 HUAWEI P30 Pro

◎上海交通大学超话◎上海交通大学考研超话#
清晨那么美，约你来晨读# 惊喜收到了打卡纪念
品 是我最最想要的东大门 我会继续加油👍 @
上海交通大学 蟹蟹蟹蟹！

转发 0　　评论 2　　　　　　　🌀 赞 12

Rich Zhang0000 🔵 ⬜ ⬜
海交通大学超话
20-6-13 超话主持人(江浙co...

#清晨那么美，约你来晨读# 谢谢交交的晨读打
卡礼物😂😂😂@上海交通大学 年底考研，交
大等我🙇

📍 昆明理工大学·云南高校签到第4名

↩ 转发　　　💬 1　　　　👍 2

图6-15 粉丝博文

早起晨读 交大、同济等学子用梦想把自己叫醒

2015年08月27日 11:14:17　来源：青年报

周培骏　制图

　　每天六点半起床坚持晨读"100天+"是一种怎样的体验？一群在交大研会微博上试着连续签到打卡的年轻人做到了。如今，他们发现，在向好习惯进发的同时，每天叫醒自己的似乎不只是闹钟更是梦想。与此同时，一群同济学子也在近期吹响"早起大作战"冲锋号，活动自6月开展以来，已有3500人次参与早起活动。

腾讯·大申网　　城事　娱乐　社区　图说上海　挑战编辑部　教育

晨读，让更多的青年人被梦想唤醒——上海交通大学官方微博

高等校校　腾讯大申网·教育频道 2016-06-15 10:22　批赛分享 ▾　　　　💬 0

上海交大微博全国季推"晨读"活动10万余人参与

　　每天六点半起床坚持晨读"100天+"是一种怎样的体验？一群在交大微博上连续"签到"的年轻人做到了。如今，他们发现，在向好习惯进发的同时，每天叫醒自己的似乎不只是闹钟更是梦想。

图 6-16　主流媒体报道

后记

在数字化浪潮的推动下，新媒体已经成为信息传播的重要渠道。高校作为专业知识传播和青年思想交流的重要场所，其新媒体建设也承担着网络育人的责任。撰写《高校新媒体运营36式》这本书，是我们对于高校新媒体运营工作的一次系统梳理和深入思考，希望这些"招式"能让高校新媒体工作者更好地理解学生群体，有效传播校园文化，提升高校的社会影响力。

在这本书中，我们结合高校的特点，基于交大的实践经验，从内容创作、活动策划、用户分析、品牌树立到危机处理等多个方面，提出了适合高校新媒体运营的策略和方法。一招一式都凝聚了交大在实战中的经验和教训，旨在面对充满变数的领域中找准自己的定位，把握学生的兴趣点，增强互动性，提高内容的吸引力和传播力。

写作过程中，我们深刻感受到高校新媒体的特殊性。与商业新媒体不同，高校更注重文化的传承和价值的引领。我们需要用合适的方式传递正能量，引导学生形成正确的世界观、人生观和价值观。因此，我们在书中强调了高校新媒体运营的社会责任和文化使命,希望每一位运营者都能够以高度的责任心去对待这项工作。

同时,我们也认识到,高校新媒体运营是一个不断变化和创新的过程。随着智能科技的发展和学生需求的变化,我们必须保持学习和探索的态度,不断尝试新的运营模式和技术手段。本书中提到的"36 式",只是我们在运营之路上参悟出的部分"心法",更重要的是运营者们能够结合实际苦练"内力",灵活运用和创新。

完成这本书的写作,我们感到兴奋、忐忑并充满期待。兴奋的是,能够将交大多年来在新媒体建设和耕耘中的理解与实践分享给更多的同行;忐忑的是,新媒体的世界每天都在变化,我们所分享的"36 式"也许很快就会被新的实践和理论所更新,但这也正是新媒体运营的魅力所在——它永远充满了挑战和机遇;期待的是,希望这本书能够在高校新媒体工作中发挥实际作用,助力运营者们解决实际问题,推动高校新媒体事业的新一轮发展。

在此,要感谢所有支持写作这本书的人。感谢同事和兄弟高校同仁,大家的优秀做法为我们提供了多角度素材;感谢交大新媒体团队的几届师生骨干,难忘大家一起开选题会、反复改稿、现场采写、一线奔跑的日日夜夜;感谢出版社编辑老师,有了他们的专业和细致,才有了这本书的精致呈现;感谢每一位粉丝和读者,是你们的阅读和应用,让这些文稿有了真正的生命力。这本书的完成,是集体智慧和力量的结晶。

最后,与诸君共勉。《高校新媒体运营 36 式》既非花拳绣腿，也非武功秘籍，谨希望这些来自运营实战一线的文字能够成为高校新媒体工作者的一本实用手册，大家能够在这个充满挑战的领域中拥抱变化，创造无限可能，为高校新媒体建设事业的发展注入持续动能。